中华优美随笔

容斋随笔

【宋】洪迈◎著
周倩◎注译

北京理工大学出版社
BEIJING INSTITUTE OF TECHNOLOGY PRESS

图书在版编目（CIP）数据

容斋随笔 / (宋) 洪迈著；周倩注译. — 北京：北京理工大学出版社，2017.1（2023.2重印）

（中华优美随笔）

ISBN 978-7-5682-3405-4

Ⅰ.①容… Ⅱ.①洪… ②周… Ⅲ.①笔记—中国—南宋—选集②《容斋随笔》—注释 Ⅳ.①Z429.442

中国版本图书馆CIP数据核字(2016)第284868号

出版发行 / 北京理工大学出版社有限责任公司
社　　址 / 北京市海淀区中关村南大街5号
邮　　编 / 100081
电　　话 / (010) 68914775（总编室）
　　　　　(010) 82562903（教材售后服务热线）
　　　　　(010) 68948351（其他图书服务热线）
网　　址 / http: //www.bitpress.com.cn
经　　销 / 全国各地新华书店
印　　刷 / 三河市嵩川印刷有限公司
开　　本 / 889毫米×1194毫米　1/32
印　　张 / 12.5
字　　数 / 278千字
版　　次 / 2017年1月第1版　2023年2月第2次印刷
定　　价 / 68.00元

责任编辑 / 刘永兵
文案编辑 / 刘永兵
责任校对 / 周瑞红
责任印制 / 边心超

前言

“随笔”一体，顾名思义，即随心而发，任情而作，大多形式多样，语言灵活，不拘泥于固定文章的体例，可抒情，可议论，可叙事，大到宇宙无极，小到蝇翼之微，生活百态，大千世界，“意之所之，随即记录。因其先后，无复诠次，故目之曰随笔”（《容斋随笔序》）。

洪迈（1123—1202年），字景卢，号容斋，又号野处；饶州鄱阳（今江西省上饶市鄱阳县）人，洪皓第三子，南宋名臣，官至翰林学士、龙图阁学士、端明殿学士。以笔记《容斋随笔》《夷坚志》闻名于世。他“幼读书日数千言，一过目辄不忘，博极载籍，虽稗官虞初，释老傍行，靡不涉猎”。

宋高宗绍兴十五年（1145年）进士，授两浙转运司，累迁吏部郎兼礼部。绍兴三十一年（1161年），迁左司员外郎。绍兴三十二年春（1162年），金世宗遣左监军高忠建来告登位且议和，洪迈为接伴使，充贺登位使，出使金国，受辱而归。宋孝宗隆兴元年(1163年），知泉州。乾道二年（1166年），知吉州，入为起居舍人。乾道三年（1167年），迁起居郎，拜中书舍人兼侍读、直学士院。乾道六年（1170年），知赣州。淳熙二年（1175年），知婺州，兴修水利。特迁敷文阁待制。淳熙三年（1176年）建议许浦开河三十六里，梅里筑二大堰；又建议建造多桨平底船，招募濒海富商入船予爵，招善操舟者以补水军。同年以提举佑神观兼侍讲、同修国史。淳熙四年（1177年）九月，拜翰林学士。宋光宗绍熙元年（1190年），进焕章阁学士，知绍兴府。绍熙二年，上章告老，进龙图阁学士。寻以端明殿学士致仕。宋宁宗嘉泰二年（1202年）卒，年八十，赠光禄大夫，谥文敏。

《容斋随笔》计有五编，即《随笔》《续笔》《三笔》《四笔》《五笔》，计七十四卷，五十余万字，前后历时四十余年，前四编，各十五卷，《五笔》原拟也是十五卷，因作者去世，而终于十卷。本书刊于南宋嘉定年间，甫一问世，海内所重，以至于洪迈在《续随笔序》中说："淳熙十四年八月在禁林日，入侍至尊寿皇圣帝清闲之燕，圣语忽云'近见甚斋随笔'，迈竦而对曰：'是臣所著《容斋随笔》，无足采者。'上曰：'煞有好议论。'"可见此书的影响。

明人李瀚为此书作序，评论道："搜悉异闻，考核经史，捃拾典故，值言之最者必札之，遇事之奇者必摘之，虽诗词、文翰、历谶、卜医，钩纂不遗，从而评之。参订品藻，论议雌黄，或加以辩证，或系以赞繇，天下事为，寓以正理，殆将毕载。"可见其可读可观，历来定论。

本书选辑《容斋随笔》"五笔"中可读性较强的一百七十余篇，以求尝鼎一脔，窥斑见豹。篇目编次，一仍其旧：随笔、续笔、三笔、四笔、五笔等而下之，对所选文中出现的难解的词句，不厌其烦，一一注出，举凡典章制度、名物训诂等多加疏解，旁征博引，以求触类旁通，相互印证。译文以直译为主，力求做到观白话而知文言所出，保留原文语序和行文逻辑，在不容易表达的地方则辅以意译，以求精神气脉的疏而不断。

另外，本文译文部分编辑过程中参照了王兴亚先生主编的《文白对照全译〈容斋随笔〉》，并有所订正，在此谨表感谢。但是，由于时间仓促和编者的才识所限，纰缪错讹之处在所难免，敬请方家指正。

目 录
Contents

随笔

续笔

三笔

四笔

五笔

随笔

辛巳九月寫高士圖
少梅陳雲彰

六十四种恶口

原文

《大集经》载六十四种恶口之业[①]，曰：粗语，软语，非时语[②]，妄语，漏[③]语，大语，高语，轻语，破语，不了语，散语，低语，仰语，错语，恶语，畏语，吃语，诤语，谄语，诳语，恼语，怯语[④]，邪语，罪语，哑语，入语，烧语，地语，狱语，虚语，慢语，不受语，说罪咎语，失语，别离语，利害语，两舌[⑤]语，无义语，无护语，喜语，狂语，杀语，害语，系语，闲语，缚语，打语，歌语，非法语，自赞叹语，说他过语，说三宝[⑥]语。

注释

① 恶口之业：又名语业，即由口而说的一切善恶言语。

② 非时语：《集异门论》十卷六页云：“说非时语者，谓所说语，非时，不应时；非节，不应节；非分，不应分。是名说非时语。”

③ 漏：（术语）梵语Amacron烦恼之异名也。漏为流注漏泄之义，三界之有情，由眼耳等六疮门，日夜流注漏泄烦恼而不止，故名漏。又烦恼现行，使心连注流散而不绝，故名漏。

④ 怯语：即正法之言语。又指佛陀之教说。胆小，没勇气，懦弱的言语。

⑤ 两舌：离间，挑拨是非。

⑥ 三宝：指“佛”“法”“僧”三者。

译文

《大集经》（也名《大方等大集经》）记载了六十四种由口而出的恶毒的言语：粗语，软语，非时语，妄语，漏语，大语，高语，轻语，破语，不了语，散语，低语，仰语，错语，恶语，畏语，吃语，诤语，谄语，诳语，恼语，怯语，邪语，罪语，哑语，入语，烧语，地语，狱语，虚语，慢语，不受语，说罪咎语，失语，别离语，利害语，两舌语，无义语，无护语，喜语，狂语，杀语，害语，系语，闲语，缚语，打语，歌语，非法语，自赞叹语，说他过语，说三宝语。

文烦简有当

原 文

欧阳公《进新唐书表》曰："其事则增于前，其文则省于旧。"夫文贵于达而已，繁与省各有当也。《史记·卫青传》："校尉李朔、校尉赵不虞、校尉公孙戎奴，各三从大将军获王，以千三百户封朔为涉轵侯，以千三百户封不虞为随成侯，以千三百户封戎奴为从平侯。"《前汉书》但云："校尉李朔、赵不虞、公孙戎奴，各三从大将军，封朔为涉轵侯、不虞为随成侯、戎奴为从平侯。"比于《史记》五十八字中省二十三字，然不若《史记》为朴赡[①]可喜。

注 释

① 朴赡：质朴而丰富。

译 文

欧阳公（欧阳修）《进新唐书表》写道："这书中所记载的实

际内容比前人的有所增加，而它的文字则比过去的要简省。”文章讲求的是清楚表达意思而已，文字的繁简各有其适用的情况。《史记·卫青传》说：“校尉李朔、赵不虞、公孙戎奴，各自三次跟随大将军擒获匈奴王室，用一千三百户封李朔为涉轵侯，用一千三百户封赵不虞为随成侯，用一千三百户封公孙戎奴为从平侯。”《前汉书》只是说：“校尉李朔、赵不虞、公孙戎奴，各自三次跟随大将军出征，分封李朔为涉轵侯、赵不虞为随成侯、公孙戎奴为从平侯。”比较发现，《前汉书》比《史记》的五十八字少了二十三个字，但不如《史记》的文字质朴丰富可爱。

乐天侍儿

原文

世言白乐天侍儿唯小蛮、樊素二人。予读集中《小庭亦有月》一篇云："菱角执笙簧，谷儿抹琵琶，红绡信手舞，紫绡随意歌。"自注曰："菱、谷、紫、红皆小臧获[①]名。"若然，则红、紫二绡亦女奴也。

注释

① 臧获：古代对奴婢的贱称。

译文

社会上传言白乐天的侍婢只有小蛮和樊素两人。我读他集中的《小庭亦有月》一篇："菱角执笙簧，谷儿抹琵琶，红绡信手舞，紫绡随意歌。"他自注说"菱角、谷儿、紫绡、红绡，都是小婢女的名字。"如果是这样的话，那么红绡、紫绡也是他的婢女。

乐天新居诗

原文

白乐天自杭州刺史分司①东都，有《题新居呈王尹兼简府中三掾》诗云："弊宅须重葺，贫家乏羡财。桥凭州守造，树倩府寮栽。朱板新犹湿，红英暖渐开。仍期更携酒，倚槛看花来。"乃知唐世风俗尚为可喜。今人居闲，而郡守为之造桥，府寮为之栽树，必遭讥议，又肯形之篇咏哉！

注释

① 分司：唐宋之制，中央官员在陪都(洛阳)任职者，

称为分司。唐白居易《达哉乐天行》：“达哉达哉白乐天，分司东都十三年。”

译文

白居易自杭州刺史分司东都洛阳，有一首《题新居呈王尹兼简府中三掾》的诗中写道：“弊宅须重葺，贫家乏美财，桥凭州守造，树倩府寮栽，朱板新犹湿，红英暖渐开，仍期更携酒，倚槛看花来。”通过这首诗可以看出唐代风俗还是不错的。现在的官员退休闲居，如果太守给他造桥，府僚为他栽树，一定会遭人讥讽议论，哪里还敢写进诗中呢！

长歌之哀

原 文

嬉笑之怒，甚于裂眦[①]，长歌之哀，过于恸哭。此语诚然。元微之[②]在江陵，病中闻白乐天左降[③]江州，作绝句云：“残灯无焰影憧憧，此夕闻君谪九江。垂死病中惊起坐，暗风吹雨入寒窗。”乐天以为：“此句他人尚不可闻，况仆[④]心哉！”微之集作“垂死病中仍怅望”，此三字既不佳，又不题为病中作，失其意矣。东坡守彭城，子由[⑤]来访之，留百余日而去，作二小诗曰：“逍遥堂后千寻木，长送中宵风雨声。误喜对床寻旧约，不知漂泊在彭城。”“秋来东阁凉如水，客去山公醉似泥。困卧北窗呼不醒，风吹松竹雨凄凄。”东坡以为读之殆不可为怀，乃和其诗以自解[⑥]。至今观之，尚能使人凄然也。

注 释

① 裂眦：指因发怒而眼睛睁得极大，眼眶似乎要裂开，形容极其愤怒的神态。《淮南子·泰族训》：“荆轲西刺秦王，高渐离、宋意为击筑，而歌于易水之上，闻者莫不瞋目裂眦，发植穿冠。”

② 元微之：元稹。

③ 左降：贬官。多指京官降职到州郡。唐白居易《舟中雨夜》诗：“船中有病客，左降向江州。”

④ 仆：自称的谦词。

⑤ 子由：苏辙。

⑥ 自解：自求解脱，自行脱落。《庄子·内篇·大宗师》：“而不能自解者，物有结之。”

译文

带着嬉笑的怒骂，超过怒目而视；用歌声表达的悲哀，超过极度悲哀地痛哭。这话确实很贴切。元微之（元稹）在江陵时，在病中听到白乐天（白居易）被贬到江州（今江西九江），作绝句说：“残灯无焰影憧憧，此夕闻君谪九江。垂死病中惊起坐，暗风吹雨入寒窗。”白乐天说：“这些诗句别人听了尚且受不了，更何况是我呢！”元微之集作“垂死病中仍怅望”，这“仍怅望”三字既不好，又不题作是“病中作”的，就失去了原本的意思。苏东坡做彭城（今江苏徐州）太守，弟弟苏辙来看他，住了一百天才离开，作了两首诗：“逍遥堂后千寻木，长送中宵风雨声。误喜对床寻旧约，不知漂泊在彭城。”“秋来东阁凉如水，客去山公醉似泥。困卧北窗呼不醒，风吹松竹雨凄凄。”苏东坡认为读了实在不能忍受，便和了他的诗来自求解脱。就是今天读起来，这诗仍然使人感到悲凉。

周亚夫

原 文

周亚夫距[1]吴、楚，坚壁[2]不出。军中夜惊，内相攻击扰乱，至于帐下。亚夫坚卧不起。顷之，复定。吴奔壁东南陬[3]，亚夫使备西北。已而果奔西北，不得入。《汉史》书之，以为亚夫能持重[4]。按[5]，亚夫军细柳时，天子先驱[6]至，不得入。文帝称其不可得而犯。今乃有军中夜惊相攻之事，安在其能持重乎？

注 释

① 距：通“拒”，抗拒。

② 坚壁：加固壁垒。《史记·高祖本纪》：“项羽闻汉王在宛，果引兵南。汉王坚壁不与战。”

③ 陬：隅，角落。《史记·绛侯周勃世家》：“后吴奔壁东南陬，太尉使备西北。”裴骃集解，引如淳曰：“陬，隅也。”

④ 持重：稳重，谨慎。《史记·韩长孺列传》：“张羽力战，安国持重，以故吴不能过梁。”

⑤ 按：为“按语”的省称，如编者按。

⑥ 先驱：先锋，前导。《细柳营》："天子先驱至，不得入。"

译文

周亚夫抵抗吴、楚叛军，坚守壁垒而不出战。军队夜间受了惊吓，内部就互相攻击扰乱起来，一直闹到了周亚夫的帐下。周亚夫却躺着不起。过了一会儿，才恢复安定。吴军攻打营垒的东南方向，周亚夫却命令防备西北方向。不久吴军果然来攻打西北方向，因防卫得当吴军没能攻进来。《汉书》记载了这件事，认为周亚夫用兵谨慎。我考察周亚夫驻军在细柳（今陕西咸阳市西南）时，皇帝的先锋到了，却进不了军营。汉文帝称赞他治军严谨使敌人不易侵犯。如今在他的军队中竟发生夜间惊扰相攻的事，怎么能说他用兵谨慎呢？

孟舒魏尚

原文

云中守孟舒，坐[①]虏大入云中免。田叔对文帝曰：“匈奴来为边寇，孟舒知士卒罢敝[②]，不忍出言，士争临城死敌，如子为父，以故死者数百人。孟舒岂驱之哉！”上曰：“贤哉孟舒！”复召以为云中守。又冯唐对文帝曰：“魏尚为云中守，虏尝一入，尚率车骑击之。士卒终日力战。上功幕府。坐首虏差六级，下吏削爵。臣以为陛下罚太重。”上赦魏尚，复以为云中守。按，孟舒、魏尚，皆以文帝时为云中守，皆坐匈奴入寇获罪，皆得士死力，皆用他人言复故官，事切[③]相类，疑其只一事云。

注释

① 坐：因为。《陌上桑》：“来归相怨怒，但坐观罗敷。”

② 罢敝：疲劳困敝。《左传·昭公三年》：“庶民罢敝，而宫室滋侈。”

③ 切：切近。

译文

云中太守孟舒，因为匈奴攻进云中而被罢免。田叔对文帝说："匈奴侵犯边境，孟舒知道士兵们疲劳困顿，不忍出言抵抗，但士兵们都争先恐后地在城下与敌人拼死作战，就像儿子为了保护父亲一样，因此死了几百人。这可不是孟舒强迫他们这样做的呀！"汉文帝说："孟舒真是个贤才啊！"于是又征召他做云中太守。此外，冯唐曾对汉文帝说："魏尚做云中太守，匈奴曾经进犯，魏尚率领军队迎击。士兵整天拼命作战。魏尚上书将军府记功。因为多报了六颗敌军首级，就被收监削去官爵。我认为陛下处罚得太重了。"汉文帝便赦免了魏尚，恢复了他云中太守的职位。通过考察，孟舒和魏尚都在汉文帝时任云中太守，都因为匈奴进犯而获罪，都得到士兵的拥护拼死力战，最后又都因为别人为他们说话而官复原职，两个人的事迹太相像了，所以我怀疑这是一个人的事迹。

秦用他国人

原文

七国虎争天下，莫不招致四方游士。然六国所用相，皆其宗族及国人，如齐之田忌、田婴、田文，韩之公仲、公叔，赵之奉阳、平原君，魏王至以太子为相。独秦不然，其始与之谋国以开霸业者，魏人公孙鞅也。其他若楼缓赵人，张仪、魏冉、范雎皆魏人，蔡泽燕人，吕不韦韩人，李斯楚人。皆委国[1]而听之不疑，卒之所以兼天下者，诸人之力也。燕昭王任郭隗、剧辛、乐毅，几灭强齐，辛、毅皆赵人也。楚悼王任吴起为相，诸侯患楚之强，盖卫人也。

注释

① 委国：指把国家的统治权交给别人。《战国策·魏策四》："魏委国于王，而王不受，故委国于赵也。"

译文

七国如猛虎般争夺天下，都广泛地搜罗四方的游士。然而六国所任用的相国，都是他们的同族人和本国人，比如齐国的田忌、田婴、田文，韩国的公仲、公叔，赵国的奉阳君、平原君，魏王甚至任用太子为相国。唯独秦国不这么做，最初和秦王商讨国家大计开创霸业的是魏国人公孙鞅（商鞅）。其他的像楼缓是赵国人，张仪、魏冉、范雎都是魏国人，蔡泽是燕国人，吕不韦是韩国人，李斯是楚国人。秦王把国家大事托付给他们，并对他们没有丝毫的怀疑，秦国之所以最终能兼并天下，便是依赖这些人的力量。燕昭王任用郭隗、剧辛、乐毅，差点灭掉了强大的齐国，剧辛、乐毅都是赵国人。楚悼王任用吴起为相国，诸侯都害怕楚国因此而强盛，但吴起却是卫国人。

灌夫任安

原 文

窦婴为丞相，田蚡为太尉，同日免。蚡后为丞相，而婴不用，无势，诸公稍自引①而怠骜，唯灌夫独否。卫青为大将军，霍去病才为校尉，已而皆为大司马。青日衰，去病日益贵。青故人门下多去事去病，唯任安不肯去。灌夫、任安，可谓贤而知义矣。然皆以它事卒不免于族诛，事不可料如此。

注 释

① 自引：自行引退。汉贾谊《吊屈原赋》：“凤缥缥其高逝兮，夫固自引而远去。”

译 文

窦婴任丞相，田蚡任太尉，同一天被罢免。田蚡后来当了丞相，窦婴没有再被任用而失去了权势，他的门客也渐渐远离他，对他也变得怠慢起来，只有灌夫不这样做。卫青任大将军时，霍去病才是个校尉，不久，他俩都当了大司马。卫青渐渐失势，霍去病却日益显贵。卫青旧日的门客很多离开卫青去服侍霍去病了，只有任安不肯离开。灌夫、任安，真的可以称为贤良而深明大义的人。然而，他俩却都因为别的事情而被灭族，事情的变化竟这样不可预料！

李太白

原 文

世俗多言李太白在当涂采石，因醉泛舟于江，见月影俯而取之，遂溺死，故其地有捉月台。予案李阳冰作太白《草堂集序》云："阳冰试弦歌[①]于当涂，公疾亟，草藁万卷，手集未修，枕上授简，俾为序。"又李华作太白墓志，亦云："赋《临终歌》而卒。"乃知俗传良不足信，盖与谓杜子美因食白酒牛炙[②]而死者同也。

注 释

① 弦歌：《论语·阳货》记孔子学生子游任武城宰，以弦歌为教民之具。后因以"弦歌"为出任邑令之典。

② 牛炙：烤牛肉。《礼记·内则》："膳、脚、膮、膮、醢、牛炙。"

译 文

世上多传言李白在当涂的采石，因喝醉后在江上泛舟，看到映在水中的月影便俯身去取，于是淹死在了水中，所以采石这个地方有捉月台。我考察李阳冰所作的太白《草堂集序》中写道：“李阳冰在当涂任邑令时，太白先生病重，诗文稿有万卷，手稿尚未修订，他在病榻上把它们交给了我，并让我作序。”还有李华所作的太白墓志也写道：“太白作《临终歌》后就死了。”才知道世俗的传言确实不可信，这样的传言大概和杜子美（杜甫）是因喝酒吃烤牛肉撑死的一样不可信吧。

三女后之贤

原 文

王莽女为汉平帝后，自刘氏之废，常称疾不朝会。莽敬惮伤哀，欲嫁之，后不肯，及莽败，后曰：“何面目以见汉家。”自投火中而死。杨坚女为周宣帝后，知其父有异图①，意颇不平，形于言色，及禅位，愤惋逾甚。坚内甚愧之，欲夺其志，后誓不许，乃止。李昪女为吴太子琏妃，昪既篡吴，封为永兴公主，妃闻人呼公主，则流涕而辞。三女之事略同，可畏而仰，彼为其父者，安所置愧乎?

注 释

① 异图：谋叛的意图。《晋书·郭默传》：“刘江州不受免，密有异图……祸将至矣，宜深备之。”

译 文

王莽的女儿是汉平帝的皇后，自从刘姓被废除之后，她常常称病不参加朝会。王莽既敬重忌惮她，又为她的遭遇感到哀伤，就想让她改嫁，皇后不肯答应，等到王莽失败，皇后说："我还有什么面目见汉朝的人。"她就自投火中烧死了。杨坚的女儿是周帝的皇后，她知道自己的父亲有篡位的意图，心里很不平静，并且常表现在言语脸色中，到周帝禅位给杨坚时，她的愤怒怨恨更加强烈。杨坚内心对她很愧疚，想让她改嫁，她誓死不答应，这才作罢。李昪的女儿是吴国的太子妃，李昪篡夺了吴国的政权，就封她为永兴公主。她听到有人叫她公主，就流着泪不让叫。这三个女子的事迹大略相同，值得人敬畏仰慕，作为她们的父亲，德行不如她们难道不感到惭愧吗?

送孟东野序

原 文

韩文公《送孟东野序》云："物不得其平则鸣。"然其文云："在唐、虞时，咎陶、禹其善鸣者，而假①之以鸣。夔假于《韶》以鸣，伊尹鸣殷，周公鸣周。"又云："天将和其声，而使鸣国家之盛。"然则非所谓不得其平也。

注 释

① 假：凭借，依靠。《荀子·劝学》："假舆马者，非利足也，而致千里；假舟楫者，非能水也，而绝江河。"

译 文

韩文公（韩愈）《送孟东野序》写道："事物得不到公平就会呐喊。"然而他在文中却写道："在唐尧、虞舜时代，咎陶、禹是最善于呐喊的人，而上天凭借他们呐喊，禹的臣夔凭借《韶乐》呐喊，殷朝凭借伊尹呐喊，周朝凭借周公旦呐喊。"又写道："上天应和他们的声音，他们的呐喊使他们的国家更加繁荣昌盛。"那么从这些例子来看，呐喊并非都是遇到了不公平啊。

晋文公

原 文

晋公子重耳自狄适①他国凡七，卫成公、曹共公、郑文公皆不礼焉，齐桓公妻以女，宋襄公赠以马，楚成王享之，秦穆公纳之，卒以得国。卫、曹、郑皆同姓，齐、宋、秦、楚皆异姓，非所谓“岂无他人，不如同姓”也。晋文公卒未葬，秦师伐郑灭滑，无预②晋事。晋先轸以为秦不哀吾丧，而伐吾同姓，背秦大惠，使襄公墨衰绖③而伐之。虽幸胜于殽，终启焚舟④之战，两国交兵，不复修睦者数百年。先轸是年死于狄，至孙縠而诛灭，天也。

注 释

① 适：到，往。

② 无预：无关联。

③ 墨衰绖：《左传·僖公三十三年》：“遂发命，遽兴姜戎，

子墨衰绖。”杜预注：“晋文公未葬，故襄公称子，以凶服从戎，故墨之。”

④ 焚舟：烧毁渡船。《左传·文公三年》：“秦伯伐晋，济河焚舟。”

译文

晋国公子重耳从狄地开始逃亡，到过七个国家，卫国成公、曹国共公、郑国文公对他都不以礼相待，齐国桓公将自己的女儿嫁给重耳为妻，宋国襄公赠送他马匹，楚国成王设宴招待他，秦国穆公热情地接纳他，最终重耳得以回国做了国君。卫国、曹国、郑国的国君与重耳都是同姓，齐国、宋国、秦国、楚国的国君与重耳都是异姓，这说明“岂无他人，不如同姓”的说法并非正确。晋文公死后还没有埋葬，秦国就进攻郑国打算灭掉滑国，本来这和晋国无关。晋国大臣先轸却认为，秦国竟然在晋国大丧之际不派人来悼念反而讨伐晋国的同姓国，因此晋国应该出兵支援郑国。因为背弃了秦国以前的恩惠，晋襄公穿着孝服带兵讨伐秦国。这场战斗虽然晋国侥幸在殽地战胜，但终导致焚舟之役，两国交战，处于敌对数百年。先轸在这一年死在和狄人交战中，到他的孙子先縠时被灭族，这是天意啊。

南夷服诸葛

原 文

蜀刘禅时，南中诸郡叛，诸葛亮征之，孟获为夷汉所服，七战七擒，曰："公，天威也，南人不复反矣。"《蜀志》所载，止于一时之事。国朝淳化中，李顺乱蜀，招安使雷有终遣嘉州士人辛怡显使于南诏，至姚州，其节度使赵公美以书来迎，云："当境[1]有泸水，昔诸葛武侯戒曰：'非贡献征讨，不得辄渡此水；若必欲过，须致祭，然后登舟。'今遣本部军将赍金龙二条、金钱二千文，并设酒脯，请先祭享而渡。"乃知南夷心服，虽千年如初。呜呼，可谓贤矣！事见怡显所作《云南录》。

注 释

① 当境：本境。

译 文

三国蜀汉后主刘禅时期，南中各郡反叛，丞相诸葛亮率军征讨，反叛首领孟获在当地汉人和夷人中有很高的威望。他和诸葛亮打了七次仗，七次被擒，最后他说："先生真是有天助之威，南中之人再也不敢反叛朝廷了。"《三国志·蜀志》中所记载的，只是蜀汉时期的事。我大宋朝太宗淳化年间，李顺在蜀地反叛朝廷，招安使雷有终派遣嘉州（今四川乐山一带）士人辛怡显出使南诏（今云南大理一带）。到了姚州（今云南大姚），当地节度使赵公美捧着国书出来迎接，他对辛怡显说："本境有条河叫泸水，蜀汉时武侯诸葛亮先生告诫说：'如果不是进贡或征讨，就不能随意渡过这条河；假如一定要过，就必须祭祀，然后登舟过河。'现在，我已派本部将士带金龙二条，金钱二千文，并摆下了酒肉，请求先祭祀之后再渡河。"由此可见，南夷对诸葛亮心悦诚服，即使是千年之后也仍然和当初一样。唉，诸葛亮可称为贤人啊！此事见于辛怡显所作的《云南录》中。

晋之亡与秦隋异

原 文

自尧、舜及今，天下裂而复合者四：周之末为七战国，秦合之；汉之末分为三国，晋合之；晋之乱分为十余国，争战三百年，隋合之；唐之后又分为八九国，本朝合之。然秦始皇一传而为胡亥，晋武帝一传而为惠帝，隋文帝一传而为炀帝，皆破亡其社稷。独本朝九传百七十年，乃不幸有靖康之祸，盖三代以下治安所无也。秦、晋、隋皆相似，然秦、隋一亡即扫地①，晋之东虽曰“牛继马后”②，终为守司马氏之祀，亦百有余年。盖秦、隋毒流四海，天实诛之，晋之八王擅兵，孽后盗政，皆本于惠帝昏蒙，非得罪于民，故其亡也，与秦、隋独异。

注 释

① 扫地：指彻底干净，毫无存留。用于贬义。《晋书·儒林传序》：“惟怀逮愍，丧乱弘多，衣冠礼乐，扫地俱尽。”

② 牛继马后：晋时谶语。指以牛姓代司马氏继承帝位。《晋书·元帝纪》：“初，《玄石图》有‘牛继马后’，故宣帝深忌牛

氏，遂为二榼，共一口，以贮酒焉，帝先饮佳者，而以毒酒鸩其将牛金。而恭王妃夏侯氏竟通小吏牛氏而生元帝。”

译文

从尧、舜到如今，天下分裂而又统一的有四次：周朝末年分为战国七雄，秦朝时统一；汉朝末年分为魏、蜀、吴三国，晋朝时统一；晋朝大乱分裂为十几个小国，争战持续了三百年，隋朝时统一；唐朝之后又分裂为八九个小国，本（宋）朝统一。然而秦始皇传了一世而为胡亥，晋武帝传了一世而为晋惠帝，隋文帝传了一世而为隋炀帝，他们都葬送了自己的江山社稷。唯独本朝传了九世一百七十年，才不幸遭遇了靖康之难，大概三代以来没有像本朝这样政治清平的了。秦朝、晋朝、隋朝都有相似之处，然而秦、隋一旦灭亡就彻底消失了，东晋虽然被称为“牛继马后”，但毕竟保持了司马氏的社稷，也享国百余年。大概秦朝、隋朝流毒四海，上天不容，晋朝的“八王之乱”，“孽后”贾南风擅权乱国，都是晋惠帝昏庸无能造成的，并不是得罪了百姓，因此它的灭亡和秦朝、隋朝的灭亡不同。

韩信周瑜

原 文

世言韩信伐赵，赵广武君请以奇兵塞井陉口，绝其粮道，成安君不听。信使间人[①]窥知其不用广武君策，还报，则大喜，乃敢引兵遂下，遂胜赵。使广武计行，信且成禽[②]，信盖自言之矣。周瑜拒曹公于赤壁，部将黄盖献火攻之策，会东南风急，悉烧操船，军遂败。使天无大风，黄盖不进计，则瑜未必胜。是二说者，皆不善观人者也。夫以韩信敌陈余，犹以猛虎当羊豕尔。信与汉王语，请北举燕、赵，正使井陉不得进，必有他奇策矣。其与广武君言曰："向使成安君听子计，仆亦禽矣。"盖谦以求言[③]之词也。方孙权问计于周瑜，瑜已言操冒行四患，将军禽之宜在今日。刘备见瑜，恨其兵少。瑜曰："此自足用，豫州但观瑜破之。"正使无火攻之说，其必有以制胜矣。不然，何以为信、瑜？

注释

① 间人：间谍。

② 禽：通“擒”。

③ 求言：指君主要求臣民上书言事。《清史稿·高宗纪一》：“上忧旱，申命求言，并饬九卿大臣体国尽职。”

译文

世人都说韩信攻打赵国时，赵国的广武君请求用一支奇兵堵塞井陉口，断绝韩信大军的粮道，成安君没有采纳他的意见。韩信派间谍暗中刺探得知成安君没有采纳广武君的计策就十分高兴，于是马上率军挺进战胜了赵国。假使广武君的计策得以实行，韩信就要战败被擒了，这大概是韩信自己说的。周瑜在赤壁与曹操对阵，部将黄盖献火攻的计策，正遇到东南风刮得紧，这才烧毁了曹操的所有战船，战胜了曹军。假使没起大风，黄盖没有献火攻之计，那么周瑜就未必能取胜。说出这两种结论的人，都不善于观察人。韩信对付成安君，就如同猛虎对付猪羊。韩信对汉王刘邦说，请求向北攻下燕国、赵国，假使井陉口不能攻破，他必定还会有其他的奇谋妙计。韩信对广武君说：“假若成安君采纳您的计谋，我就要战败被擒了。”这大概是韩信故意谦虚以求广武君进言的说法。当孙权向周瑜询问破曹操的计策时，周瑜已经说了曹操贸然进军的四种弊端，并说这次战役必可擒获曹操。刘备见到周瑜，对他士兵少感到遗憾。周瑜说：“这些兵就够用了，你只需看我周瑜怎么大破曹军。”假如没有火攻的计策，周瑜也必定会有其他克敌制胜的办法。如果不是这样，那么他们还是韩信、周瑜吗？

韩退之

原 文

《旧唐史·韩退之传》初言："愈常以为魏、晋已远，为文者多拘偶对，而经诰之指归[①]，不复振起[②]。故所为文抒意立言，自成一家新语，后学之士取为师法。当时作者甚众，无以过之，故世称韩文。"而又云："时有恃才肆意，亦盭[③]孔、孟之旨。若南人妄以柳宗元为罗池[④]神，而愈撰碑以实之。李贺父名晋，不应进士，而愈为贺作《讳辩》，令举进士。又为《毛颖传》，讥戏不近人情。此文章之甚纰缪者。撰《顺宗实录》，繁简不当，叙事拙于取舍，颇为当代所非。"裴晋公有寄李翱书云："昌黎韩愈，仆识之旧矣，其人信美材也。近或闻诸侪类[⑤]云：恃其绝足，往往奔放，不以文立制，而以文为戏。可矣乎？今之不及之者，当大为防焉尔。"《旧史》谓愈为纰缪[⑥]，固不足责，晋公亦有是言，何哉？考公作此书时，名位犹未达，其末云：“昨弟来，欲度及时干进，度昔岁取名，不敢自高。今孤茕[7]若此，游宦谓何？是不能复从故人之所勉耳！但置力田园，苟过朝夕而已。”然则公出征淮西，请愈为行军司马，又令作碑，盖在此累年之后，相知已深，非复前比也。

注 释

① 指归：主旨，意向。

② 振起：兴起，奋起。

③ 盩：乖，悖。

④ 罗池：池名。在今广西壮族自治区柳州市。

⑤ 侪类：同辈，同类的人。

⑥ 纰缪：错误。《礼记·大传》：“五者（治亲、报功、举贤、使能、存爱）一物纰缪，民莫得其死。”

⑦ 孤茕：孤独，无依无靠。三国魏曹丕《短歌行》：“我独孤茕，怀此百离。”

译 文

《旧唐书·韩愈传》开头写道：“韩愈时常以为从魏、晋以来，做文章的人拘泥于对仗，而儒家的思想精神不再被提倡。因此，他写的文章微言大义，自成一派，后辈的学子都把他的文章作为学习的榜样。当时的作者很多，但是没有人能超过他，所以世人称他‘韩文公’。”而接着写道：“韩愈常常依仗自己的才华随意写作，也会违背孔子、孟子的旨意。如：南方人迷信地把柳宗元称作‘罗池神’，韩愈就撰写碑文予以记载，使之成为事实。李贺的

父亲名叫李晋，由于避讳，不应该考进士，而韩愈却为李贺作《讳辩》，叫他去参加进士考试。又作《毛颖传》讥讽世态，不近人情。这些是他文章中很错误的篇目。他所作的《顺宗实录》，繁简不妥当，叙事取舍不当，很受当代人的非议。”裴晋公（裴度）有寄李翱书说：“昌黎韩愈，我很早就知道他了，这人确实有才华。近来有时听朋友们说他依仗着自己的才思敏捷，往往情感奔放不受控制，不用文章去建立法制，而以文章为游戏。这可以吗？现今一些不及他的人，应当不要学习他这些方面。”《旧史》说韩愈有错误，自然不值得责备，但裴度也这样说，这是为什么呢？我通过考察，觉得是因为裴度写这封信时，名誉地位都还没有发达起来，信的末尾说：“昨日小弟来，是想能及时在功名上有所进取，我虽以前名为‘度’，也不敢自视甚高。现在我这样孤苦无依，出外做官又是为了什么呢？因此，我不能再听从老朋友的勉励了！今后我只去致力于躬耕田园，苟且地过日子罢了。”可是后来，裴度出征淮西时，请韩愈当他的行军司马，还让他撰写碑文，大概是因为许多年之后，两个人相互了解已深，与二人出名前的关系是不能相比的。

韩柳为文之旨

原文

韩退之自言：作为文章，上规①姚、姒、《盘》、《诰》、《春秋》、《易》、《诗》、《左氏》、《庄》、《骚》、太史、子云、相如，闳其中而肆其外②。柳子厚自言：每为文章，本之《书》《诗》《礼》《春秋》《易》，参之《穀梁氏》以厉其气，参之《孟》《荀》以畅其支，参之《庄》《老》以肆其端，参③之《国语》以博其趣，参之《离骚》以致其幽，参之太史公以著其洁。此韩、柳为文之旨要，学者宜思之。

注释

① 规：效法，摹拟。唐韩愈《进学解》：“上规姚姒，浑浑无涯。”

② 闳其中而肆其外：指诗文内容宏富而文笔发挥尽致。

③ 参：检验，考索验证。

译文

唐代韩愈曾说：写文章应该效法姚、姒、《尚书·盘庚》、《尚书·诰》、《春秋》、《易经》、《诗经》、《左传》、《庄子》、《离骚》、司马迁、杨雄、司马相如，内容宏富而文笔发挥尽致。柳宗元则认为，每次写文章时，首先应以《尚书》《诗经》《礼记》《春秋》《易经》为根本，然后参照《榖梁氏》的写法，来磨砺文气，参照《孟子》《荀子》，来畅达文脉，参照《庄子》《老子》，来使文章酣畅淋漓，参照《国语》，来使文章更具趣味性，参照《离骚》，来使文章意境深远，参照司马迁的《史记》，使文章语言优美、简洁精练。这是韩愈、柳宗元为文的要旨，学习写作的人应当深思。

魏郑公谏语

原 文

魏郑公谏止唐太宗封禅，中间数语，引喻剀切[①]，曰：“今有人十年长患，疗治且愈，此人应皮骨仅存，便欲使负米一石，日行百里，必不可得。隋氏之乱，非止十年，陛下为之良医，疾苦虽已乂安[②]，未甚充实。告成[③]天地，臣切[④]有疑。”太宗不能夺[⑤]。此语见于公《谏录》及《旧唐书》，而《新史》不载，《资治通鉴》记其谏事，亦删此一节，可惜也！

注 释

① 剀切：切实，恳切，切中事理。

② 乂安：太平，安定。《史记·孝武本纪》：“汉兴已六十余岁矣，天下乂安。”

③ 告成：上报所完成的功业。《诗·大雅·江汉》：“经营四方，告成于王。”

④ 切：通“窃”，私下，私自。多用作谦词。

⑤ 夺：用强力使之动摇、改变，也指由于强力而动摇、改变。

《论语·泰伯篇》："临大节而不可夺也。"

译文

魏郑公（魏征）向唐太宗进谏阻止他前往泰山封禅，谏书中有几句话，引证比喻切中要旨："现在有一个患病十年经过治疗就要痊愈的人，这时他瘦得只剩下皮包骨头，如果想让他背着一石米，一天走上一百里路，那肯定办不到。隋朝末年，天下大乱，不只十年，陛下作为重整乾坤的良医，人民虽免于疾苦，天下平安无事，但还不富足。陛下却在这个时候举行封禅大典，敬告天地大功告成，臣实在怀疑这种做法是否妥当。"唐太宗听了无法反驳他。魏征的这一段话，记载在魏征的《谏录》和《旧唐书》上，而《新唐书》中却没有记载。《资治通鉴》里虽载有魏征劝谏的事迹，却也删去了这一段话，真是太可惜了！

虞世南

原文

虞世南卒后，太宗夜梦见之，有若平生。翌日，下制[①]曰："世南奄[②]随物化[③]，倏[④]移岁序。昨因夜梦，忽睹其人，追怀遗美[⑤]，良增悲叹！宜资冥助[⑥]，申朕思旧之情。可于其家为设五百僧斋[⑦]，并为造天尊[⑧]像一躯。"夫太宗之梦世南，盖君臣相与之诚所致，宜恤其子孙，厚其恩典可也。斋僧造像，岂所应作！形之制书，著在国史，惜哉，太宗而有此也！

注释

① 制：指帝王的命令。《礼记·曲礼下》："国君死社稷，大夫死众，士死制。"

② 奄：忽然，骤然。

③ 物化：死亡。语出《庄子·刻意》："圣人之生也天行，其死也物化。"

④ 倏：犬疾行的样子，引申为疾速，忽然。段注本《说文·犬部》："倏，犬走疾也。"

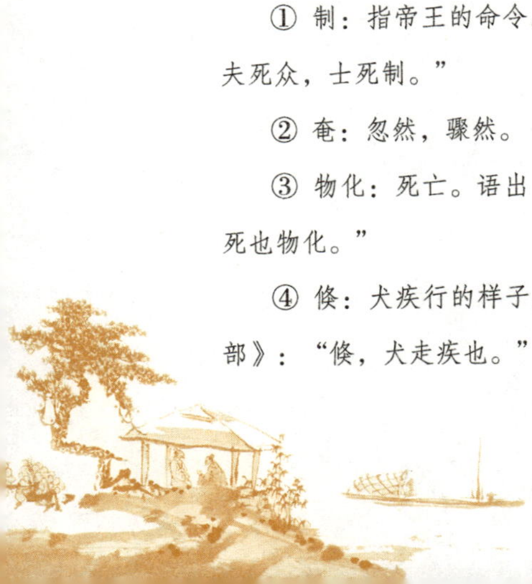

⑤ 遗美：指遗留下来的美好风尚、德行等。

⑥ 冥助：谓神佛的佑助。

⑦ 僧斋：请僧而供养斋食，兼有诵经略仪，谓之“僧斋”。

⑧ 天尊：佛教称佛为“天尊”。

译 文

虞世南死后，唐太宗夜里梦见他，还像活着时那样。第二天，唐太宗下诏书说：“世南突然去世，很快就好多年了。我因为昨天夜里做梦，忽然梦到他，追忆他遗留下的美德，实在让人悲伤叹息。我觉得应该资助他在阴间的生活，以表示我思念旧臣的情谊。可以在他家里设置五百位僧人的斋饭，并且为他制作天尊像一躯。”唐太宗梦见虞世南，是由于他生前与唐太宗有着真挚的感情，但只要对他的子孙后代妥善安置注意抚恤就可以了。设置僧斋，并为他造像岂是君王该做的事呢！这样特地颁布诏书，宣喻天下，并且载入国史，唐太宗这样做实在令人遗憾！

诸葛公

原 文

诸葛孔明千载人，其用兵行师，皆本于仁义节制，自三代以降，未之有也。盖其操心制行，一出于诚，生于乱世，躬耕垅亩，使无徐庶之一言，玄德之三顾，则苟全性命，不求闻达必矣。其始见玄德，论曹操不可与争锋，孙氏可与为援而不可图，唯荆、益可以取，言如蓍龟①，终身不易。二十余年之间，君信之，士大夫仰之，夷夏服之，敌人畏之。上有以取信于主，故玄德临终，至云"嗣子不才，君可自取"；后主虽庸懦②无立，亦举国听之而不疑。下有以见信于人，故废廖立而立垂泣，废李严而严致死。后主左右奸辟侧佞，充塞于中，而无一人有心害疾③者。魏尽据中州，乘操、丕积威之后，猛士如林，不敢西向发一矢以临蜀，而公六出征之，使魏畏蜀如虎。

司马懿案行[4]其营垒处所，叹为天下奇才。钟会伐蜀，使人至汉川祭其庙，禁军士不得近墓樵采，是岂智力策虑所能致哉？魏延每随公出，辄欲请兵万人，与公异道会于潼关，公制而不许，又欲请兵五千，循秦岭而东，直取长安，以为一举而咸阳以西可定。史臣谓公以为危计不用，是不然。公真所谓义兵不用诈谋奇计，方以数十万之众，据正道而临有罪，建旗鸣鼓，直指魏都，固将飞书告之，择日合战，岂复翳行窃步，事一旦之谲以规[5]咸阳哉！司马懿年长于公四岁，懿存而公死，才五十四耳，天不祚汉，非人力也。“霸气西南歇，雄图历数屯。”杜诗尽之矣。

注 释

① 蓍龟：古人以蓍草与龟甲占卜凶吉，因以指占卜。

② 庸懦：庸下懦怯。

③ 疾：通“嫉”。

④ 案行：巡视。《汉书·盖宽饶传》：“宽饶初拜为司马……冠大冠，带长剑，躬案行士卒庐室，视其饮食居处。”

⑤ 规：通“窥”。

译 文

诸葛孔明是千载伟人，他用兵行军，都以仁义为根本，这是自夏、商、周三代以来未曾有过的。他的思虑行为，全都出于忠诚，他生在乱世，亲自耕田谋生，假如没有徐庶一句话的推荐，刘玄德三顾茅庐的恳切，那么他苟全性命于乱世，不求扬名天下就是一定的了。诸葛亮在隆中第一次会见刘玄德，就论述不可和曹操抗衡，可以和孙权结盟但不可图谋，只有荆州、益州可以夺取，这些论断像占卜一样准确，从他一生的政治经历看，真是不可更改的言论。在他掌权的二十多年里，国君信任他，士大夫仰慕他，汉族和少数民族的百姓敬服他，敌人畏惧他。对上，他能够使主上信任，所以刘备临死时对他说："我的儿子没有才能，你可以自取为帝。"后主刘禅虽然平庸怯懦无所作为，但能把整个国家毫不犹豫地交给他管理。对下，他能使部属信赖，所以废长水校尉廖立为庶民，廖立却在他病逝后痛哭流涕；废弃李严，李严却因他的病逝而病发死去。后主身边多奸佞之臣，却没有记恨暗害诸葛亮的。当魏国完全占领中州之地以后，还挟有曹操、曹丕父子生前的积威，军中勇猛将士如林，却不敢发一兵一卒一箭到蜀国，而诸葛亮却六出祁山，讨伐魏国，致使魏国上下畏惧蜀国如同畏惧老虎。魏国将帅司马懿巡视诸葛亮的营垒后，叹服他是天下奇才。钟会征伐蜀国时，特地派人到汉川祭奠诸葛亮庙，并下令军士，禁止在诸葛亮墓附近砍柴，这难道仅是策略智谋的高超就能够达到的吗？魏延每次随诸葛亮出兵伐魏，就请求拨给自己将士万人，想从暗道和诸葛亮在潼关会师，诸葛亮制止；魏延又想请求诸葛亮拨给他将士五千人，沿秦岭向东走，直取长安，他认为这样一次就能把长安以西平定。史臣记载，诸葛亮认为这是危险计策而不采纳，其实不然。诸葛公统帅的是真正的正义之师，不用阴谋诡计，当他率领十万大军占据正道，讨伐有罪的敌人，竖起大旗，高鸣战鼓，直指魏国京都，本来就是要飞骑传书，通知敌方，择定日期交战，又岂会暗中抄小道，凭着碰运气，以诡诈之计来图谋咸阳呢！司马懿比诸葛亮年长四岁，司马懿活着，诸葛亮却不幸死去，才活了五十四岁，上天不保佑汉室，这不是人力所能挽回的。“霸气西南歇，雄图历数屯。”杜甫诗已经全部说明白了。

陶渊明

原 文

陶渊明高简闲靖，为晋、宋第一辈人。语其饥则箪瓢屡空，缺无储粟；其寒则裋褐穿结，絺绤冬陈；其居则环堵萧然，风日不蔽。穷困之状，可谓至矣。读其《与子俨等疏》云：“恨室无莱妇，抱兹苦心……汝等虽曰同生，当思四海皆兄弟之义，管仲、鲍叔，分财无猜，他人尚尔，况同父之人哉！”然则犹有庶子也。《责子》诗云：“雍端年十三。”此两人必异母尔。渊明在彭泽，悉令公田种秫[1]，曰：“吾常得醉于酒足矣。”妻子固请种秔，乃使二顷五十亩种秫，五十亩种秔[2]。其自叙亦云：“公田之利，足以为酒，故便求之。”犹望一稔[3]而逝，然仲秋至冬，在官八十余日，即自免去职。所谓秫、秔，盖未尝得颗粒到口也，悲夫！

注释

① 秫：粱米、粟米之黏者，多用以酿酒。晋陶潜《和郭主簿》："舂秫作美酒，酒熟吾自斟。"

② 杭：通"粳"，一种黏性较小的稻类。

③ 稔：庄稼成熟。《国语·吴语》："吴王夫差既杀申胥，不稔于岁，乃起师北伐。"

译文

陶渊明高雅闲静，是晋、宋时期的第一流人物。他却过着忍饥挨饿、冬穿夏衣、家徒四壁的生活，穷困的状况可以说是到了极点。他在《与子俨等疏》中写道："我常遗憾没有楚国老莱子的妻子那样的贤内助，只有自己怀抱这样的一片苦心……你们虽然不是一母所生，也应该思索四海之内皆兄弟的道理，齐国的管仲、鲍叔二人是朋友，在合伙经商时尚且没有因为分钱的多少而产生猜疑，外人尚可如此，更何况你们是同父的兄弟呢！"这样看来，陶渊明还有妾生的儿子。他的《责子》诗说"雍端两人年龄都是十三"，看来这两个人一定不是同母的弟兄了。陶渊明在彭泽县当县令时，下令公田全都种上高粱，说："我能常醉酒，便心满意足了。"但妻子和儿子坚持请求种粳稻，他就下令让五十亩种高粱，五十亩种粳稻。他在《自叙》中写道："公田的收成足够做酒，所以顺便求了彭泽令这个小官。"他本希望庄稼收获一次就离任，然而从仲秋到冬天，他在官仅八十几天，就自己辞职离开了。所谓的高粱、粳稻都没能吃到，可悲啊！

治生从宦

原 文

韩诗曰："居闲食不足，从仕力难任。两事皆害性，一生常苦心。"然治生[①]从宦，自是两涂，未尝有兼得者。张释之以赀为郎，十年不得调，曰："久宦减兄仲之产，不遂[②]。"欲免归。司马相如亦以赀为郎，因病免，家贫无以自业，至从故人于临邛，及归成都，家徒四壁立而已。

注 释

① 治生：经营家业，谋生计。

② 不遂：不顺利。《楚辞·九章·思美人》："知前辙之不遂兮，未改此度。"

译 文

韩愈的诗中写道："闲居吃不饱饭，做官又难以胜任。两件事都对人的生命有害，一生常常为此苦恼。"然而谋生和做官，本来就是两条不同的道路，从来没有人能兼得的。张释之用钱财买了个郎官，十年不能升迁，他说："长久做官耗费了兄仲不少财产，这官做得不顺利啊！"于是打算辞职回家。司马相如也用钱买了个郎官，因为生病免官，家里穷得无法生活，以致跟随老朋友到了临邛，等他带着卓文君从临邛回到成都时，家里穷得只有四堵墙壁了。

陈轸之说疏

原文

战国权谋之士，游说从横，皆趋一时之利，殊不顾义理[①]曲直所在。张仪欺楚怀王，使之绝齐而献商於[②]之地。陈轸谏曰：“张仪必负王，商於不可得而齐、秦合，是北绝齐交，西生秦患。”其言可谓善矣。然至云：“不若阴合而阳绝于齐，使人随张仪，苟与吾地，绝齐未晚。”是轸不深计齐之可绝与否，但以得地为意耳。及秦负约，楚王欲攻之。轸又劝曰：“不如因赂之以一名都，与之并兵而攻齐，是我亡地于秦，取偿于齐也。”此策尤乖谬不义。且秦加亡道于我，乃欲赂以地，齐本与国[③]，楚无故而绝之，宜割地致币，卑词谢罪，复求其援，而反欲攻之，轸之说于是疏矣。乃知鲁仲连、虞卿为豪杰之士，非轸辈所能企及也。

注释

① 义理：合于一定的伦理道德的行事准则。

② 商於：地名，河南省淅川县西。

③ 与国：盟国，友邦。《管子·八观》：“与国不恃其亲，而

敌国不畏其彊。”

译 文

战国时的权谋之士，游说合纵连横之道，都追求一时的利益，根本不考虑正义道理是非曲直在哪里。张仪欺骗楚怀王，说只要他和齐国断交，就把秦国的商於之地献给楚王。陈轸劝谏说：“张仪一定会背弃大王，商於不但不能得到，而且齐国、秦国会联合，这样做就是在北边断绝和齐国的交往，在西面又滋生秦国的威胁。”这些话可以说很有道理。但是他说“不如暗地里和齐国保持联合，而表面上跟它断交，派人跟着张仪，如果给我们土地，再跟齐国断交不迟”，这就是不深思熟虑是否可以与齐国断交，而仅仅把得到土地放在心上的表现。等到秦国背弃盟约，楚王想攻打秦国，陈轸又劝阻说：“不如借此机会送给秦国一个大城市，和它合兵攻打齐国，这样我们丧失土地给了秦国，却在齐国得到了补偿。”这条计策尤其荒谬背理不合于道义。秦国横行无道，欺凌楚国，楚国却要用土地贿赂它；齐国本来是楚国的盟国，楚国却无缘无故和它断交，本应割让土地送去财物，恭敬谦虚地向它谢罪，再次恳求它援助，却反而要攻打它，陈轸的劝说在这里是疏漏荒谬的。（相比之下）这才知道鲁仲连、虞卿是豪杰之士，不是陈轸之流所能企及的。

颜率儿童之见

原文

秦兴师临周而求九鼎，周君患之。颜率请借救于齐。乃诣齐王许以鼎，齐为发兵救周，而秦兵罢。齐将求鼎，周君又患之。颜率复诣齐，曰："愿献九鼎，不识何涂之从而致[①]之齐？"齐王将寄径[②]于梁、于楚，率皆以为不可，齐乃止。《战国策》首载此事，盖以为奇谋。予谓此特儿童之见尔。争战虽急，要当有信。今一给齐可也，独不计后日诸侯来伐，谁复肯救我乎？疑必无是事，好事者饰之尔。故《史记》《通鉴》皆不取。

注释

① 致：送达，使达到。《汉书·终军传》："军自请，愿受长缨，必羁南越王而致之阙下。"

② 寄径：借路。

译 文

秦国发动军队逼近成周，来索求九鼎，周王以此为患。颜率请求去齐国借救兵。于是，颜率到齐王那儿许诺把九鼎给齐国，（只要齐国发救兵），齐国为此派兵救周，而秦国也就罢兵了。齐国打算索要九鼎，周君又以此为患。颜率又到齐国，说：“我们愿意献出九鼎，不知道该从哪条路送到齐国来呢？”齐国打算从梁国、楚国借道而行，这两国都认为不可以，齐国就停止了对九鼎的索要。《战国策》第一个记载这件事，大概认为颜率使了奇异的计谋。我认为他这就是小儿之见。争战虽然紧急，但重要的应当是信义。现在欺骗齐国一次可以，难道不想想将来各诸侯国来征讨的时候，谁又肯救助自己呢？我怀疑一定没有这种事，这不过是好事的人矫饰的故事罢了。因此，《史记》《通鉴》都不采用这个故事。

朋友之义

原 文

朋友之义甚重。天下之达道①五，君臣、父子、兄弟、夫妇而至朋友之交。故天子至于庶人，未有不须友以成者。“天下俗薄，而朋友道绝。”见于《诗》。“不信乎朋友，弗获乎上。”见于《中庸》《孟子》。“朋友信之”，孔子之志也；“车马衣裘，与朋友共”，子路之志也；“与朋友交而信”，曾子之志也。《周礼》六行，五曰任，谓信于友也。汉、唐以来，犹有范张、陈雷、元白、刘柳之徒，始终相与，不以死生贵贱易其心。本朝百年间，此风尚存。呜呼，今亡矣！

注 释

① 达道：公认的准则。《礼记·中庸》：“君臣也，父子也，夫妇也，昆弟也，朋友之交也：五者，天下之达道也。”

译 文

朋友的情义很重要。天下公认的准则有五个，君臣之道、父子

之道、兄弟之道、夫妇之道，以及朋友之道。因此从天子到百姓，没有不需要朋友而成事的。“天下的习俗情意淡薄，因而朋友之道断绝。”这话见于《诗经》。“不取信于朋友，就不能获得主上的恩遇。”这话见于《中庸》《孟子》。“对朋友守信”，这是孔子的志向；“车马衣裘，跟朋友共享”，这是子路的志向；“和朋友交往而守信”，这是曾子的志向。《周礼》中有六种良好的品行，第五种就是信任，就是对朋友要守信。汉、唐以来，还有范式和张劭、陈重和雷义、元稹和白居易、刘禹锡和柳宗元这些人，始终交好，不因为死生贵贱而改变他们的友情。本朝建立的前一百多年间，这种好风气还存在。唉，现在丧失了！

范增非人杰

原 文

世谓范增为人杰，予以为不然。夷考[①]平生，盖出战国从横之余，见利而不知义者也。始劝项氏立怀王，及羽夺王之地，迁王于郴，已而弑之，增不能引君臣大谊，争之以死。怀王与诸将约，先入关中者王之，沛公既先定关中，则当如约，增乃劝羽杀之，又徙之蜀汉。羽之伐赵，杀上将宋义，增为末将，坐而视之。坑秦降卒，杀秦降王，烧秦宫室，增皆亲见之，未尝闻一言也。至于荥阳之役，身遭反间，然后发怒而去。呜呼，疏矣哉！东坡公论此事伟甚，犹未尽也。

注 释

① 夷考：考察。《孟子·尽心下》："夷考其行，而不掩焉者也。"

译 文

世人都认为范增是人中豪杰，我认为并非如此。公平地考察他的生平，把他可以看作是战国纵横家的残余，是见利忘义之人。他一开始就劝项梁扶立怀王，可是等到项羽夺得怀王的土地，把怀王迁到郴（今湖南郴州），接着项羽又杀了怀王，范增却不能依照君臣的大义，以死诤谏。怀王跟几位将领约定，先进入关中灭秦的就封他为王，沛公既然已经先平定了关中，那么就应该遵守约定封他为王，范增却劝项羽杀了沛公（没能成功），又劝谏将他迁移到蜀郡汉中一带。项羽在征伐赵军的时候，杀了上将军宋义，范增作为末将，坐视不管。项羽活埋秦朝降兵，杀死秦朝降王、烧毁秦朝宫室，范增都亲眼所见，却没有听到他说一句劝谏的话。到了荥阳之战，范增自己受了敌方的反间计，竟发怒离项羽而去。唉，失策啊！苏东坡对这件事的论述很突出，但还是不够充分。

爱盎小人

原 文

爱盎真小人，每事皆借公言而报私怨，初[1]非尽忠一意为君上者也。尝为吕禄舍人，故怨周勃。文帝礼下勃，何豫盎事，乃有“非社稷臣”之语，谓勃不能争[2]吕氏之事，适会成功耳。致文帝有轻勃心，既免使就国，遂有廷尉之难。尝谒丞相申屠嘉，嘉弗为礼，则之丞相舍折困[3]之。为赵谈所害，故沮止[4]其参乘。素不好晁错，故因吴反事请诛之。盖盎本安陵群盗，宜其忮心[5]忍戾如此，死于刺客，非不幸也。

注 释

① 初：本，本来。《诗·豳风·东山》：“勿士行枚。”汉郑玄笺：“初无行陈衔枚之事。”

② 争：通“诤”，诤谏，规劝。《庄子·至乐》：“故夫子胥争之以残其形；不争，名亦不成。”

③ 折困：折挫困辱。

④ 沮止：阻止，遏止。

⑤ 忮心：忌恨之心，妒忌之心。《庄子·达生》：“虽有忮心者，不怨飘瓦。”

译 文

爰盎真是个小人，每件事都是假借公言来报私怨，出发点都不是竭尽忠诚地为君主办事。他曾经做过吕禄的舍人，因此怨恨周勃。汉文帝礼遇周勃，跟爰盎有什么相干，他竟然（在皇帝面前）有“（周勃）不是国家的忠臣”的话，说周勃在吕后专政时不能诤谏，只是正好碰上诛杀诸吕，碰巧成功罢了。于是使汉文帝有了轻视周勃的心，周勃已经被免职回到封国，又使他遭受刑狱之难。爰盎曾经拜访丞相申屠嘉，申屠嘉没有礼遇他，（爰盎得宠后）就到丞相住处去折挫困辱他。爰盎被赵谈害过，就阻止赵谈作为皇上左右的陪乘。爰盎一直不喜欢晁错，因此就趁着吴王造反的事情请求杀了晁错。爰盎家本来是安陵的盗匪，怪不得他心怀猜忌残忍乖戾到这种地步，他被刺客杀死，不是不幸啊。

玉蕊杜鹃

原文

物以希[①]见为珍，不必异种[②]也。长安唐昌观玉蕊，乃今玚花，又名米囊，黄鲁直易为山礬者。润州鹤林寺杜鹃，乃今映山红，又名红踯躅者。二花在江东弥山亘野，殆与榛莽相似。而唐昌所产，至于神女下游，折花而去，以践玉峰之期，鹤林之花，至以为外国僧钵盂中所移，上玄命三女下司之，已逾百年，终归阆苑[③]。是不特[④]土俗罕见，虽神仙亦不识也。王建《宫词》云："太仪前日暖房来，嘱向昭阳乞药栽。敕赐一窠[⑤]红踯躅，谢恩未了奏花开。"其重如此，盖宫禁中亦鲜[⑥]云。

注释

① 希：少，罕有。《论语·公冶长》："伯夷、叔齐不念旧恶，怨是用希。"皇侃义疏："希，少也。"

② 异种：指动植物的奇特品种。

③ 阆苑：阆风之苑，传说中仙人的住处。

④ 不特：不仅，不但。

⑤ 一窠：一棵。

⑥ 鲜：少。《易·系辞上》："百姓日用而不知，故君子之道鲜矣。"

译文

物以罕见为贵，不一定非要是奇异的品种才名贵。长安唐昌观中的玉蕊花，就是现在的玚花，又叫米囊，黄鲁直改称为山礬的那种花。润州的鹤林寺中的杜鹃花，就是现在的映山红，又叫红踯躅的那种花。这两种花在江东漫山遍野，多到几乎跟丛生的野草灌木一样。而唐昌观中的玉蕊花，甚至引得仙女下凡，折花而去，以赴玉峰仙境的约会；鹤林寺的杜鹃花，甚至到了有人认为是从外国僧人的钵盂中移来的程度，上天命令三位仙女下界主管它已经超过一百年了，最终要回到阆苑仙境。这是因为玉蕊、杜鹃不仅民间罕见，即使神仙也不认识。王建的《宫词》说："太仪前日暖房来，嘱向昭阳乞药栽。敕赐一窠红踯躅，谢恩未了奏花开。"对它像这样的看重，大概皇宫之中也很稀有吧。

徐凝诗

原 文

徐凝以《瀑布》“界破青山”之句，东坡指为恶诗，故不为诗人所称说。予家有凝集，观其余篇，亦自有佳处，今漫纪数绝于此。《汉宫曲》云：“水色帘前流玉霜，赵家飞燕侍昭阳。掌中舞罢萧声绝，三十六宫秋夜长。”《忆扬州》云：“萧娘脸下难胜泪，桃叶眉头易得愁。天下三分明月夜，二分无赖是扬州。”《相思林》云：“远客远游新过岭，每逢芳树问芳名。长林遍是相思树，争①遣愁人独自行。”《玩花》云：“一树梨花春向暮，雪枝残处怨风来。明朝渐校无多去②，看到黄昏不欲回。”《将归江外辞韩侍郎》云：“一生所遇唯元白，天下无人重布衣。欲别朱门泪先尽，白头游子白身③归。”皆有情致，宜其见知于微之、乐天也。但俗子妄作乐天诗，缪为赏激，以起东坡之诮耳。

注 释

① 争：怎么，表示疑问。

② 校无多去：此犹云无多了。去，语助词，相当于了。校与较

同，犹差也。

③ 白身：旧指平民，亦指无功名无官职的士人或已仕而未通朝籍的官员。

译文

徐凝《瀑布》有一句“界破青山”的诗句，被苏东坡指摘为恶诗，因此不被诗人们称道。我家中有徐凝的诗集，看他其他的诗篇，也自有佳妙的地方。现在随意写下几首绝句在此。《汉宫曲》写道：“水色帘前流玉霜，赵家飞燕侍昭阳。掌中舞罢萧声绝，三十六宫秋夜长。”《忆扬州》写道：“萧娘脸下难胜泪，桃叶眉头易得愁。天下三分明月夜，二分无赖是扬州。”《相思林》写道：“远客远游新过岭，每逢芳树问芳名。长林遍是相思树，争遣愁人独自行。”《玩花》写道：“一树梨花春向暮，雪枝残处怨风来。明朝渐校无多去，看到黄昏不欲回。”《将归江外辞韩侍郎》写道：“一生所遇唯元白，天下无人重布衣。欲别朱门泪先尽，白头游子白身归。”这些诗都很有情致，所以他受到元稹、白居易的知遇是应该的。只是世间俗子妄自效仿白居易的诗，错误地加以激赏，而遭到苏东坡的嘲笑罢了。

临敌易将

原 文

临敌易[1]将，固兵家之所忌，然事当审其是非，当易而不易，亦非也。秦以白起易王龁而胜赵，以王翦易李信而灭楚，魏公子无忌易晋鄙而胜秦，将岂不可易乎？燕以骑劫易乐毅而败，赵以赵括易廉颇而败，以赵葱易李牧而灭，魏使人代信陵君将亦灭，将岂可易乎？

注 释

① 易：改变，更改。《书·盘庚中》："今予告汝不易。"

译 文

与敌人对阵而改换将领，本来就是军事家所忌讳的。然而事情应该考虑它的是非情况，该改换而不改换也不对。秦国用白起代替王龁战胜了赵国，用王翦替换李信而消灭了楚国，魏公子无忌代替晋鄙战胜了秦国，将领难道不能改换吗？燕国用骑劫代替乐毅而战败，赵国用赵括代替廉颇而战败，用赵葱代替李牧导致赵国灭亡，魏国派人代替信陵君为将也遭到了灭亡，将领难道可以改换吗？

将帅贪功

原 文

以功名为心，贪军旅之寄[①]，此自将帅习气，虽古来贤卿大夫，未有能知止自敛者也。廉颇既老，饭斗米，肉十斤，被甲上马，以示可用，致困郭开之口，终不得召。汉武帝大击匈奴，李广数自请行，上以为老，不许，良久，乃许之，卒有东道失军之罪。宣帝时，先零羌反，赵充国年七十余，上老之，使丙吉问谁可将，曰，“亡逾于老臣者矣。”即驰至金城，图上方略，虽全师制胜，而祸及其子卬。光武时，五溪蛮夷畔[②]，马援请行，帝愍其老，未许。援自请曰：“臣尚能被甲上马。”帝令试之，援据鞍顾盼，以示可用。帝笑曰：“矍铄[③]哉是翁也！”遂用为将，果有壶头之厄。李靖为相，以足疾就第[④]，会吐谷浑寇边，即往见房乔曰：“吾虽老，尚堪一行。”既平其国，而有高甑生诬罔之事，几于不免。太宗将伐辽，召入谓曰：“高丽未服，公亦有意乎？”对曰：

“今疾虽衰，陛下诚不弃，病且瘳[5]矣。”帝悯其老，不许。郭子仪年八十余，犹为关内副元帅、朔方河中节度，不求退身，竟为德宗册罢[6]。此诸公皆人杰也，犹不免此，况其下者乎！

注 释

① 寄：委托，托付。《论语·泰伯》：“可以托六尺之孤，可以寄百里之命，临大节而不可夺也——君子人与？君子人也。”

② 畔：通“叛”，背叛，叛变。《论语·阳货》：“公山弗扰以费畔。”皇侃义疏：“畔，背叛也。”

③ 矍烁：形容老人目光炯炯、精神健旺。

④ 就第：指免职回家。《汉书·张禹传》：“〔张禹〕罢就第，以列侯朝朔望。”

⑤ 瘳：病愈。《书·说命上》：“药不瞑眩,厥疾弗瘳。”

⑥ 册罢：谓发布诏书，将大臣免职。

译 文

把功名放在心上，贪图于军事的委托，这本来就是将帅的习气，即使是自古以来的贤明的卿大夫，也没有能知足从而自我收敛的。廉颇已经年老，吃一斗米，十斤肉，身披战甲上马，以表示自己还可以被任用，却困于郭开的谗言之下，最终不能被征召。汉武帝大举进攻匈奴，李广几次请求随同出征，武帝认为李广老了，不允许，很久以后，才允许他去，最终在东边道路上迷路，延误了军期而犯下罪过。汉宣帝时，先零羌造反，赵充国已经七十多岁，皇上认为他老了，让丙吉去询问他谁可以当将领，他说：“没有能超

越老臣我的了。”就驰马到金城，呈献地图和破敌计划，虽然保全部队取得胜利，但却使他的儿子赵印遭到灾祸。汉光武帝时，五溪的少数民族反叛，马援请求出征，光武帝怜惜他年老，没有同意。马援请求说：“我还能够披甲跨马。”光武帝让他试一试，马援跨上战马左顾右盼，来表示自己可被任用。光武帝笑着说：“这个老翁真有精神哪！”于是用他为将，果然在壶头山遭到厄运。李靖当过宰相，因为脚有毛病免职回家，遇上吐谷浑进犯边疆，就去见房乔说：“我虽然老了，但还能出征一次。”平定了吐谷浑国之后，却又遭到高甑生诬陷欺骗的事，几乎不能幸免。唐太宗打算攻打辽东，召他进来对他说：“高丽还不臣服，您也有意要出征吗？”他回答说：“现在我虽然病得衰弱，但陛下真的不嫌弃我的话，我的病很快就好了。”皇帝怜悯他年老，不允许他出征。郭子仪八十多岁，还担任着关内副元帅和朔方、河中节度使，不求隐退，最后竟然被唐德宗发诏书罢免了。这些人都是人中英杰，犹且不能免于贪功求名，何况是能力不如他们的人呢！

谊向触讳

原 文

贾谊上疏文帝曰："生为明帝，没为明神。使顾成之庙，称为太宗，上配太祖，与汉亡极。虽有愚幼不肖[①]之嗣，犹得蒙业而安。植遗腹[②]，朝委裘，而天下不乱。"又云："万年[③]之后，传之老母弱子。"此既于生时谈死事，至云"传之老母"，则是言其当终于太后之前，又目其嗣为"愚幼不肖"，可谓指斥。而帝不以为过，谊不以为疑。刘向上书成帝谏王氏事曰："王氏与刘氏，且不并立，陛下为人子孙，守持宗庙，而令国祚移于外亲，降为皂隶，纵不为身，奈宗庙何！"又云："天命所授者博，非独一姓。"此乃于国存时说亡语，而帝不以为过，向不以为疑，至乞援[④]近宗室，几于自售，亦不以为嫌也。两人皆出于忠精至诚，故尽言触忌讳而不自觉。文帝以宽待下，圣德固尔，而成帝亦能容之，后世难及也。

注 释

① 不肖：不成材，不正派。《礼记·射义》："发而不失正鹄

者，其唯贤者乎？若夫不肖之人，则彼将安能以中。”

② 遗腹：指遗腹子。

③ 万年：死的婉辞。《汉书·贾谊传》：“苟身亡事，畜乱宿祸，孰视而不定，万年之后，传之老母弱子，将使不宁，不可谓仁。”

④ 乞援：请求援助。

译文

贾谊上书汉文帝说：“活着做英明的皇帝，死后做圣明的神灵。要使顾成庙（汉文帝自立的宗庙）的庙号称为太宗，上面可跟太祖相配，那么汉朝运祚就没有尽头了。即使有顽愚不成材的后代，仍然可以承蒙您留下的基业而平安。即使扶植还未出世的太子，朝拜您留下的衣服，天下也不会动乱。”又说：“您死了以后，传位给老母亲或弱小的太子。”这既是在帝王活着的时候谈他死后的事，甚至说到“传位给老母亲”，这就是说皇帝会死在太后的前面，又把他的后代看成是“愚顽不成材”，可以说是当面斥责了。可是汉文帝不认为他这样是错的，贾谊也不因此而疑虑。刘向上书给汉成帝进谏王氏的事说：“王氏和刘氏，将不能并立，陛下作为汉室的子孙，守护维持先人的宗庙，却让国家的权位转移到外姓亲戚手里，自己地位下降为奴仆，即使不为自己考虑，难道不为宗庙考虑吗？”又说：“天命所归的人很多，不仅仅是一姓的人。”这是在国家还存在的时候说亡国的话，可是汉成帝不认为他这样是罪过，刘向不因此而疑虑，甚至说到请求相近的宗室帮助他对抗外戚，几乎是自我举荐，也不认为有什么嫌疑。这两个人都是出于最高最纯的忠心和诚意，因此说尽自己想说的，即使触犯了忌讳也没有自我觉察。汉文帝以宽厚的态度对待下属，他圣明的德行本来就是这样，而汉成帝也能容忍触犯忌讳，这是后代难以企及的。

何进高叡

原 文

东汉末，何进将诛宦官，白[①]皇太后悉罢中常侍、小黄门，使还里舍。张让子妇，太后之妹也。让向子妇叩头，曰：“老臣得罪，当与新妇俱归私门，唯受恩累世，今当远离宫殿，愿复一入直[②]，得暂奉望太后颜色，死不恨矣。”子妇为言之，乃诏诸常侍皆复入直。不数日，进乃为让所杀，董卓随以兵至，让等虽死，汉室亦亡。北齐和士开在武成帝世，奸蠹败国。及后主嗣立，宰相高叡与娄定远白胡太后，出士开为兖州刺史。后欲留士开过百日，叡守之以死，苦言之。士开载美女珠帘赂定远，曰：“蒙王力，用为方伯，今当远出，愿得一辞觐二宫。”定远许之，士开由是得见太后及帝，进说曰：“臣出之后，必有大变，今已得入，复何所虑。”于是出定远为青州而杀叡。后二年，士开虽死，齐室亦亡。呜呼！奸佞之难去久矣！何进、高叡，不惜陨身破家，为汉、齐社稷计，而张让、士开以谈笑一言，变如反掌，忠良受祸，宗庙为墟。乃知背胁瘭疽[③]，决[④]之不可不速；虎狼在阱，养之则自贻害。可不戒哉！

注释

① 白：告语，禀报，陈述。《史记·淮南衡山列传》："厉王母弟赵兼因辟阳侯言吕后，吕后妒，弗肯白，辟阳侯不彊争。"

② 入直：亦作"入值"。谓官员入宫值班供职。

③ 瘭疽：局部皮肤炎肿化脓的疮毒。

④ 决：通"抉"，挖出，挑出。

译文

东汉末年，何进将要诛除宦官，禀告皇太后，罢免所有的中常侍和小黄门，让他们回到老家去。张让的儿媳妇是太后的妹妹。张让向儿媳妇磕头，说："老臣我获罪，应该和媳妇一起回到私宅中去。只是因为好几代受到皇恩，现在要远离皇宫，希望能再进宫供职一次，能够暂时侍奉太后，远远地望见太后的容颜，就是死也没有遗憾了。"儿媳妇为他向太后转告，太后就下诏让各个常侍都重新进宫供职。没有几天，何进就被张让杀害，董卓随即带兵来到长安，张让等虽然被杀，但汉朝也就灭亡了。北齐的和士开在武成帝时，奸邪祸害，败坏国家。等到后主即位，宰相高叡和娄定远上奏胡太后，贬和士开为兖州刺史。胡太后要留下和士开过一百天才让他走，高叡据理死谏，苦口相劝。和士开用车载着美女珠帘贿赂娄定远，说："承蒙您出力相助，被任用为一方之长，现在该远行外出了，希望能觐见二宫（太后和皇帝）以做辞行。"娄定远同意了他，和士开于是见到了太后和后主，并且进言说："我出宫以后，朝内一定会有大的变故，现在已经能够进宫了，又有什么可以忧虑的呢。"于是贬娄定远为青州刺史，并杀死了高叡。两年后，和士开虽然死了，齐朝也灭亡了。唉！奸邪的坏人很难除掉，这有很久了！何进、高叡，不惜生命，家破人亡，为汉朝、北齐的国运出谋划策，却被张让、和士开轻而易举地改变过来，如谈笑一般，致使忠良的大臣受到灾祸，社稷沦为废墟。由此可知，背上肋下的毒疮，不能不及早割除；猛兽掉入陷阱，养着它就会使自身遭受伤害。岂可不引以为戒啊！

汉景帝忍杀

原 文

汉景帝恭俭爱民，上继文帝，故亦称为贤君。考其天资，则刻戾忍杀之人耳。自在东宫时，因博戏[①]杀吴太子，以起老濞[②]之怨。即位之后，不思罪已，一旦于三郡中而削其二，以速兵端。正信用晁错，付以国事，及爰盎之说行，但请斩错而已，帝令有司劾错以大逆，遂父母妻子同产皆弃市。七国之役，下诏以深入多杀为功，比三百石以上皆杀，无有所置[③]，敢有议诏及不如诏者，皆要斩[④]。周亚夫以功为丞相，坐争封匈奴降将事病免，心恶之，赐食不置箸，叱之使起，昧于敬礼大臣之义，卒以非罪置之死，悲哉！光武遣冯异征赤眉，敕之曰："征伐非必略地屠城，要在平定安集之耳。诸将非不健斗，然好虏掠。卿本能御吏士，念自修敕[⑤]，无为郡县所苦。"光武此言，视景帝诏书，为不侔矣。

注 释

① 博戏：古代的一种棋戏。《史记·货殖列传》："博戏驰逐，斗鸡走狗。"

② 老濞：指西汉吴王刘濞。景帝前三年，濞与楚赵等国发兵反汉，兵败自杀，时年六十二。后因以“老濞”称之。

③ 置：赦免，释放。《国语·郑语》：“褒人褒姁有狱，而以为入于王，王遂置之。”

④ 要斩：古代的一种酷刑。以斧砧断人之腰。“要”同“腰”。

⑤ 修敕：整顿。

译 文

汉景帝谦恭、俭朴、爱护百姓，上承汉文帝，因此也被称为贤明的君主。考察他的天性，不过是个苛刻乖戾、残忍好杀的人罢了。他做太子时，就因棋戏杀了吴国太子，从而引起吴国刘濞的怨恨。即位以后，他不考虑自己的罪过，一天把三个郡国削减了两个，加速了兵祸争端。正当他相信任用晁错，把国家大事交给他时，等到爰盎的谗言得以实行，虽然只请求斩杀晁错一人而已，汉景帝却命令官员们弹劾晁错有叛逆大罪，连他的父亲、母亲、妻子、儿女、兄弟们也都杀害了。在跟吴、楚等七国叛军的战役中，他下诏命令将士深入敌方以多杀乱军为功劳，俸禄三百石以上的官员都要杀死，一个都不准赦免，如果有对诏书存有疑议以及不按诏令行事的，都要腰斩。周亚夫因为有战功当了丞相，又因为给匈奴的降将争得封爵而获罪，后来由于生病幸免于难，汉景帝心中厌恶他，赐给饮食却不给他准备筷子，呵斥他站起来，不用尊敬大臣的礼仪对待他，最终以莫须有的罪名置他于死地，可悲呀！汉光武帝派冯异去征讨赤眉军，下令对他说：“争战讨伐不一定非要掠夺土地屠杀人民，关键只在于平定安抚百姓。将领们不是不勇健能战，而是喜欢抢夺杀掠。你本来善于驾御官吏士人，希望好好整顿，不要使郡县的百姓受苦。”汉光武帝的这番话，比起汉景帝的诏令来，大不相同。

燕昭汉光武之明

原 文

乐毅为燕破齐，或谗之昭王曰：“齐不下者两城耳，非其力不能拔，欲久仗兵威以服齐人，南面而王耳。”昭王斩言者，遣使立毅为齐王。毅惶恐不受，以死自誓。冯异定关中，自以久在外，不自安。人有章①言异威权至重，百姓归心，号为“咸阳王”，光武以章示异。异上书谢，诏报曰：“将军之于国家，恩犹父子，何嫌何疑，而有惧意？”及异破隗嚣，诸将欲分其功，玺书诮大司马以下，称异功若丘山。今人咸知毅、异之为名将，然非二君之明，必困谗口矣。田单复齐国，信陵君败秦兵，陈汤诛郅支，卢植破黄巾，邓艾平蜀，王濬平吴，谢安却苻坚，慕容垂挫桓温，史万岁破突厥，李靖灭吐谷浑，郭子仪、李光弼中兴唐室，李晟复京师，皆有大功于社稷，率为谮人所基②，或至杀身。区区庸主不足责，唐太宗亦未能免。营营青蝇③，亦可畏哉！

注 释

① 章：臣下给君主的奏本。

② 惎：挑拨离间。

③ 青蝇：喻指谗佞。《楚辞·刘向〈九叹·怨思〉》：“若青蝇之伪质兮，晋骊姬之反情。”

译 文

乐毅为燕国攻破齐国，有人向燕昭王进谗言：“齐国只有两个城池没有攻下来，不是他的力量不能攻克，而是他想长久地依仗兵威使齐国人屈服，自己在南面称王而已。”燕昭王杀死了进谗言的人，派使者立乐毅为齐王。乐毅惶恐不敢接受，发誓誓死效忠燕昭王。冯异平定关中，自己以为长久在外，心里不踏实。别人有奏章说冯异兵威权势极重，百姓心悦诚服归附他，称他为“咸阳王”，光武帝把奏章寄给冯异。冯异上书谢罪，光武帝下诏回答说：“将军对于国家来说，恩情如同父子，有什么可猜疑的，又有什么可畏惧的？”等到冯异攻破隗嚣，各位将领想要分他的功劳，光武帝下诏书责问大司马以下的官员，称赞冯异的功劳像山一样高（岂是他们所能比的？）。今天的人都知道乐毅、冯异是有名的将领，然而如果不是两位君主的贤明，他们也必然被进谗言的人逼迫处于困境了。田单收复齐国，信陵君打败秦兵，陈汤诛杀郅支，卢植攻破黄巾，邓艾平定蜀，王濬平定吴，谢安驱退苻坚，慕容垂挫败桓温，史万岁攻破突厥，李靖消灭吐谷浑，郭子仪、李光弼中兴唐室，李晟收复京师，这些人对国家都有大功，大多被进谗言的人所诬陷，有的甚至遭受了杀身之祸。那些平庸的君主就不值得责备，可连唐太宗也不免这样。那谗佞的小人，也真是可怕啊！

晁错张汤

原 文

晁错为内史，言事辄听，幸倾九卿，及为御史大夫，权任出丞相右[①]。张汤为御史，每朝奏事，国家用日旰[②]，丞相取充位[③]，天下事皆决汤。萧望之为御史，意轻丞相，遇之无礼。三人者，贤否虽不同，然均为非谊[④]，各以他事至死，抑有以致之邪！

注 释

① 右：谓胜过，超过。

② 日旰：天色晚，日暮。

③ 充位：谓徒居其位，无所建树。《汉书·张汤传》：“汤每朝奏事，语国家用，日旰，天子忘食。丞相取充位，天下事皆决汤。”

④ 谊：同“义”。谓符合正义或道德规范。亦指按照正义或道德规范的要求。

译 文

晁错做内史时，不论说什么皇上都听从，受到的宠幸超过了九卿；等到做了御史大夫，权力比丞相还大。张汤做御史时，每次朝堂上谈论国家大事，常常由早到晚，丞相只不过凑数而已，天下的事都由张汤决定。萧望之做御史，心中轻视丞相，遇到丞相不以礼相待。这三个人，贤良与否虽然不同，但他们行为都是不道德的。他们各自因为其他的事而导致身死，或许这种行为招致了这种后果的形成啊！

曹操用人

原文

曹操为汉鬼蜮①，君子所不道，然知人善任使，实后世之所难及。荀彧、荀攸、郭嘉皆腹心谋臣，共济大事，无待赞说。其余智效一官，权分一郡，无小无大，卓然皆称其职。恐关中诸将为害，则属司隶校尉钟繇以西事，而马腾、韩遂遣子入侍。当天下乱离，诸军乏食，则以枣祗、任峻建立屯田，而军国饶裕，遂芟群雄。欲复盐官之利，则使卫觊镇抚关中，而诸将服。河东未定，以杜畿为太守，而卫固、范先束手禽戮。并州初平，以梁习为刺史，而边境肃清②。扬州陷于孙权，独有九江一郡，付之刘馥而恩化大行。冯翊困于鄜盗，付之郑浑而民安寇灭。代郡三单于，恃力骄恣，裴潜单车之郡，而单于詟服③。方得汉中，命杜袭督留事，而百姓自乐，出徙于洛、邺者，至八万口。方得马超之兵，闻当发徙，惊骇欲变，命赵俨为护军，而相率还降，致于东方者亦二万口。凡此十者，其为利岂不大哉！张辽走孙权于合肥，郭淮拒蜀军于阳平，徐晃却关羽于樊，皆以少制众，分方面[4]忧。操无敌于建安之时，非幸也。

注 释

① 鬼蜮：《诗·小雅·何人斯》：“为鬼为蜮，则不可得。”鬼和蜮都是暗中害人的精怪。后以“鬼蜮”喻用心险恶、暗中伤人的小人。

② 肃清：清平。多指国家、社会安定太平，法纪严明。

③ 詟服：畏惧服从。《汉书·项籍传》：“诸将詟服，莫敢枝梧。”

④ 方面：四方，四面。《文选·陆倕》：“区宇乂安，方面静息。”

译 文

曹操算是汉朝的阴险的篡逆者，是君子所不愿称道的，但他知人善任，实在是后代所难以企及的。荀彧、荀攸、郭嘉都是他的心腹谋士，共同帮助他成就大事，不必称赞评说了。至于其他的人，智慧够得到一个官位的，机谋权变能分管一个郡的，无论官职大小，都能使他们的才能得到充分的施展。曹操担心关中的将领们祸害关中，就让司隶校尉钟繇去西面管理，结果马腾、韩遂派遣儿子到宫中侍候。当时天下纷乱，军队缺乏粮食，就让枣祗、任

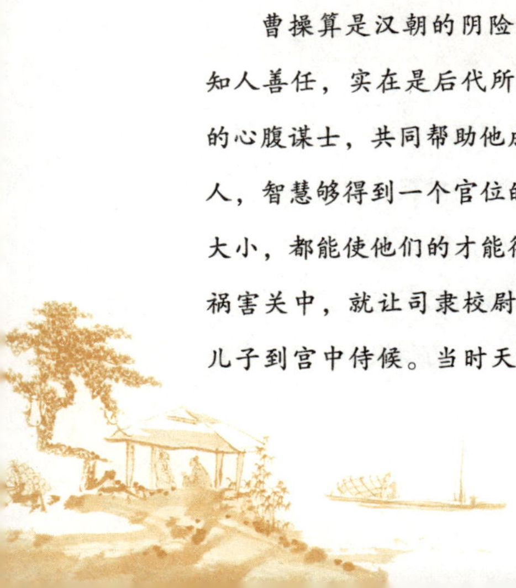

峻管理屯田，结果国家富饶丰裕，于是消灭了群雄。当想恢复盐务管理的利益时，就让卫觊镇守安抚关中，结果将领们都信服。河东没有平定，就派杜畿去当太守，使得卫固、范先束手被擒杀。并州刚被平定，就派梁习去当刺史，使得边境清平无事。扬州被孙权攻陷，只剩下九江一个郡，曹操把它交给刘馥管理，结果恩德教化广泛实行。冯翊被鄜州盗寇所困，曹操就交给郑浑去处理，结果百姓安定盗寇消灭。代郡的匈奴三个单于，依仗武力骄横恣肆，裴潜只乘一辆车进入代郡，使得单于畏惧折服。才得到汉中，就认命杜袭负责留守之事，结果百姓自得其乐，从洛阳、邺地迁来的人口达到八万。刚刚得到马超的军队时，马超军队听说将把他们发配他地，都惊恐想要兵变，曹操命令赵俨为护军，结果马超军都互相带领回来归降，安置到东方的人口也有两万。以上十件事所产生的好处还不够大吗！张辽在合肥打跑孙权，郭淮在阳平抗拒蜀军，徐晃在樊城抵退关羽，都是以少胜多，为国家整体分解忧患。曹操能够在建安时期实力最强，不是侥幸的。

刘公荣

原 文

王戎诣阮籍，时兖州刺史刘昶字公荣在坐，阮谓王曰：“偶有二斗美酒，当与君共饮。彼公荣者无预①焉。”二人交觞酬酢，公荣遂不得一杯，而言语谈戏，三人无异。或有问之者，阮曰：“胜公荣者，不得不与饮酒。不如公荣者，不可不与饮酒，唯公荣可不与饮酒。”此事见戎传，而《世说》为详。又一事云，公荣与人饮酒，杂秽非类，人或讥之，答曰：“胜公荣者，不可不与饮，不如公荣者，亦不可不与饮，是公荣辈者，又不可不与饮，故终日共饮而醉。”二者稍不同。公荣待客如是，费酒多矣，顾②不蒙一杯于人乎？东坡诗云：“未许低头拜东野，徒言共饮胜公荣。”盖用前事也。

注 释

① 无预：无与。不加入，无关联。

② 顾：却，反而。《战国策·司马错论伐蜀》：“今三川周室，天下之市朝也，而王不争焉，顾争于戎狄，去王业远矣。”

译文

（有一次）王戎去拜访阮籍，当时兖州刺史刘昶（字公荣）在座。阮籍对王戎说："偶然得到两斗美酒，应当跟您一起痛饮。那个叫公荣的，没有他的份儿！"两个人就开始对饮，公荣始终一杯也没喝，而言谈戏谑，三个人没什么不正常的。有人问起这事，阮籍说："胜过公荣的人，不能不跟他喝酒。不如公荣的人，不可以不跟他饮酒；只有公荣，可以不跟他饮酒。"这件事见于《王戎传》，而《世说新语》的记载更为详尽。又有一件事，说的是公荣跟人喝酒，不是同类的和各种混杂肮脏的对象都有，有人讥笑他，公荣回答说："胜过我公荣的人，不能不跟他喝酒；不如我公荣的人，也不能不跟他喝酒；跟我公荣是一类的人，还是不能不跟他喝酒，因此就整天和人共饮而醉。"两件事略微有点不同。公荣这样对待客人，所费的酒可就多了！他反而不能蒙受别人的一杯酒吗？苏东坡的诗中说："未许低头拜东野，徒言共饮胜公荣。"大概就是用的上面所说的典故。

曹操杀杨修

原 文

曹操杀杨修之后，见其父彪，问曰："公何瘦之甚？"对曰："愧无日磾先见之明，犹怀老牛舐犊之爱。"操为之改容[1]。《古文苑》载操与彪书，数修之罪，以为"恃豪父之势，每不与吾同怀，将延足下尊门大累"，便令刑之。且赠彪锦裘二领，八节[1]角桃杖一枝，青牸牛[2]二头，八百里骅骝马一匹，四望[3]通幰[5]七香车[6]一乘，驱使二人。又遗其妻裘、靴、有心青衣[7]二人，钱绢甚厚。卞夫人亦与袁夫人书云："贤郎有盖世文才，阖门钦敬，明公性急，辄行军法。"以衣服、文绢、房子、官锦、香车送之。彪及袁夫人皆答书引愆致谢。是时，汉室将亡，政在曹氏，袁公四世宰相，为汉宗臣，固操之所忌，彪之不死其手，幸矣。呜呼危哉！

注 释

① 改容：动容。脸上出现感动的表情。

② 八节：古代以立春、立夏、立秋、立冬、春分、夏至、秋分、冬至为八节。《周髀算经》卷下："凡为八节二十四气。"

③ 牸牛：母牛。

④ 四望：四面有窗可供观望的车。

⑤ 通幰：一种遍复帷幔的车子。

⑥ 七香车：用多种香料涂饰或用多种香木制作的车，亦泛指华美的车。

⑦ 青衣：指穿青衣或黑衣的人。三国魏曹操《与太尉杨彪书》："有心青衣二人，长奉左右。"

译文

曹操杀了杨修以后，见到杨修的父亲杨彪，问他说："您为什么瘦得这么厉害？"杨彪回答说："我羞愧自己没有金日磾那样的先见之明，却仍然怀着老牛舐犊的爱心。"曹操听了很感动。《古文苑》记载了曹操写给杨彪的书信，数落杨修罪状，认为他"依仗着父亲的势力，常常不跟我同心，这将会给您的家门带来大的牵累"，于是就处死了杨修。曹操还赠给了杨彪锦绣皮裘两件、八节角桃杖一支、青色母牛两头、八百里骅骝骏马一匹、四望通幰七香车一辆、奴仆两人。另外又赠送给杨彪妻子皮裘、靴子，以及有能力的女仆两人，赠送的钱和绢帛都很厚重。卞夫人也给袁夫人写了信，信中说："您的儿子有盖世的文才，我们家都很钦佩敬重他；曹操性子急躁，断然对他执行了军法。"并且送给袁夫人衣服、纹绢、房子、官锦以及香车。杨彪和袁夫人都回信承认罪过，表示谢意。这时候汉朝将要灭亡，政权在曹氏手中，袁绍四代当过宰相，是汉朝的宗臣，因此被曹操忌恨；杨彪没有死在曹操手中，已经是幸运了，可也非常危险啊！

萧房知人

原文

汉祖至南郑，韩信亡去，萧何自追之。上骂曰：“诸将亡者以十数，公无所追；追信，诈也。”何曰：“诸将易得，至如信，国士亡双，必欲争天下，非信无可与计事者。”乃拜信大将，遂成汉业。唐太宗为秦王时，府属多外迁，王患之。房乔曰：“去者虽多不足吝，杜如晦王佐才也，王必欲经营四方，舍如晦无共功者。”乃表留幕府，遂为名相。二人之去留，系兴替治乱如此，萧、房之知人，所以为莫及也。樊哙从高祖起丰、沛，劝霸上之还，解鸿门之厄，功亦不细[①]矣，而韩信羞与为伍。唐俭赞太宗建大策，发蒲津之谋，定突厥之计，非庸臣也，而李靖以为不足惜。盖以信、靖而视哙、俭，犹熊罴之与狸狌耳。帝王之功，非一士之略，必待将如韩信，相如杜公，而后用之，不亦难乎！惟能置萧、房于帷幄中，拔茅汇进[②]，则珠玉[③]无胫[④]而至矣。

注释

① 细：微小，与大相对。《左传·襄公四年》：“吾子舍其大

而重拜其细，敢问何礼也？”

② 拔茅汇进：比喻互相推荐引进。语出《易·泰》：“拔茅茹以其汇。”

③ 珠玉：喻人才。

④ 胫：腿。

译文

汉高祖刘邦行军到达南郑，韩信不辞而别，萧何亲自去追他回来。高祖骂萧何说：“将领逃跑了几十人，你都没有去追；你去追赶韩信，是骗我的吧。”萧何说：“诸将领容易得到，但韩信这样的人，是天下无双的国士，您如果要争夺天下，除了韩信，再没有一起讨论大事的人了。”于是高祖封韩信为大将军，最终完成了汉室大业。唐太宗李世民为秦王时，幕府属吏很多外调任职，秦王为此忧虑。房玄龄说：“离去的人尽管很多，但都不值得可惜，杜如晦是辅佐君王的得力人才，大王想要经营天下大业，舍弃杜如晦就没有能共事的人了。”于是，秦王上疏请将杜如晦留在幕府中，后来杜如晦成了一代名相。韩信、杜如晦的去留，与兴衰治乱竟然有这么密切的关系，萧何、房玄龄二人的知人之才，是无人能比得上的。樊哙跟随高祖在丰、沛起兵，攻占咸阳后劝高祖还军霸上，鸿门宴上又替高祖解脱困厄，功劳也不算小了，可是韩信却耻于和樊哙交往。唐俭帮助太宗下决心灭隋建唐，在蒲津揭发孤独怀恩发动叛乱的阴谋，帮太宗制定诱降突厥的办法，不是平庸之臣，可是李靖认为失去他并不值得惋惜。这大概是以韩信和李靖的眼光来看樊哙、唐俭，就好像拿熊罴去比狸猫一样。创建帝王之业，绝不是依靠一士之谋略，如果一定要等到有了韩信那样的大将、杜如晦那样的贤相，然后才加以任用，岂不是太难了！只要能把萧何、房玄龄这一类人安排在帐下，选贤进能，那么，贤能大才就会不请自至了。

拔亡为存

原 文

燕乐毅伐齐，下七十余城，所存者唯莒、即墨两城耳，赖田单之力，齐复为齐，尺寸之土无所失。曹操牧兖州，州叛迎吕布，郡县八十城皆应之，唯鄄城、范、东阿不动，赖荀彧、程昱之力，卒全三城以待操，州境复安。古之人拔[①]亡为存，转祸为福，如此多矣。靖康、建炎间，国家不竞[②]，秦、魏、齐、韩之地，名都大邑数百，翦[③]而为戎，越五十年矣，以今准[④]古，岂曰无人乎哉？

注 释

① 拔：移易，动摇。《易·乾》：“乐则行之，忧则违之，确乎其不可拔，潜龙也。”

② 竞：强盛，强劲。《诗·周颂·执竞》：“执竞武王，无竞维烈。”

③ 翦：消灭，削弱。《诗·鲁颂·閟宫》：“居岐之阳，实始翦商。”

④ 准：衡量，比较。

译 文

燕国大将乐毅攻打齐国，攻下七十多座城池。齐国只剩莒、即墨两座城未被攻下，后来靠田单的努力，齐国得以恢复，寸土未失。曹操做兖州牧时，全州叛曹迎附吕布，八十城都起来响应，只有鄄城、范、东阿没有动静，依靠荀彧、程昱的努力，终于保全三城等待曹操，州境内又安定下来。古人把灭亡变成生存，把灾难扭转为福分，像这样的例子很多。靖康、建炎年间，国家不强盛，秦、魏、齐、韩等地，几百座名都大邑全被金人所占，已经五十年了，拿现在比古代，难道说今天就没有那样的人才吗?

孙吴四英将

原 文

孙吴奄有[1]江左，亢衡[2]中州，固本于策、权之雄略，然一时英杰，如周瑜、鲁肃、吕蒙、陆逊四人者，真所谓社稷心膂[3]，与国为存亡之臣也。自古将帅，未尝不矜能自贤，疾胜己者，此诸贤则不然。孙权初掌事，肃欲北还，瑜止之，而荐之于权，曰：“肃才宜佐时，当广求其比[4]，以成功业。”后瑜临终与权笺曰：“鲁肃忠烈，临事不苟[5]，若以代瑜，死不朽矣！”肃遂代瑜典兵。吕蒙为寻阳令，肃见之，曰：“卿今者才略，非复吴下阿蒙。”遂拜蒙母，结友而别。蒙遂亦代肃。蒙在陆口，称疾还，权问：“谁可代者？”蒙曰：“陆逊意思[6]深长，才堪负重，观其规虑[7]，终可大任，无复是过也。”逊遂代蒙。四人相继，居西边三四十年，为威名将，曹操、刘备、关羽皆为所挫，虽更相汲引[8]，而孙权委心[9]听之，吴之所以为吴，非偶然也。

注释

① 奄有：全部占有，多用于疆土。《诗·商颂·玄鸟》：“方命厥后，奄有九有。”

② 亢衡：抗衡，对抗。《汉书·五行志中之上》：“虢为小国，介夏阳之厄，怙虞国之助，亢衡于晋。”

③ 心膂：喻主要的辅佐人员，亦以喻亲信得力之人。《书·君牙》：“今命尔予翼，作股肱心膂。”

④ 比：类，辈。《汉书·叙传上》：“班侍中本大将军所举，宜宠异之，益求其比，以辅圣德。”

⑤ 不苟：不随便，不马虎。《周礼·地官·大司徒》：“一曰，以祀礼教敬，则民不苟。”

⑥ 意思：思想，心思。

⑦ 规虑：规划，谋虑。《淮南子·人间训》：“凡人之举事，莫不先以其知规虑揣度，而后敢以定谋。”

⑧ 汲引：引荐，提拔。《汉书·刘向传》：“禹稷与皋陶传相汲引，不为比周。”

⑨ 委心：指倾心。

译文

孙吴占有长江下游以东地区，和中原抗衡，固然主要依靠孙策、孙权的雄图大略，然而当时的英雄豪杰，像周瑜、鲁肃、吕蒙、陆逊四个人，可谓是国家的心腹臂膀，和国家同存共亡的臣子。自古以来的将帅，好多都嫉贤妒能，吴国的这几位贤者却不然。孙权刚执掌政务时，鲁肃打算返回北方，周瑜把他劝住，推荐给孙权，说："鲁肃的才能可以为时世的辅佐，应该广泛寻求像他这样的人，以成就功业。"后来，周瑜临终给孙权的信上说："鲁肃忠诚刚正，遇到事情从不随便马虎，如果他能代替我的职务，我就死而不朽了！"孙权就让鲁肃代替周瑜统率军队。吕蒙任寻阳令，鲁肃见到他说："您今天的才能谋略不再是吴地时候的那个阿蒙了。"于是就去拜见吕蒙的母亲，和吕蒙结成朋友后才分别。吕蒙后来也就代替了鲁肃。吕蒙在陆口，生病要回朝，孙权问他："谁是可以替代你的人？"吕蒙说："陆逊的思想深刻高远，才能足以负起重责，看他的规划考虑，终究可以托付重任，没有可以超过他的人了。"陆逊就代替了吕蒙。四人一个接替一个，镇守吴国西方三四十年，成为威名远扬的大将，曹操、刘备、关羽都被他们打败，虽然他们是互相举荐的，但孙权能够放心地听从他们，吴国之所以成为吴国，这不是偶然的。

虫鸟之智

原 文

竹鸡①之性，遇其俦②必斗。捕之者扫落叶为城，置媒③其中，而隐身于后操罔焉。激媒使之鸣，闻者，随声必至，闭目飞入城，直前欲斗，而罔已起，无得脱者，盖目既闭则不复见人。鹧鸪性好洁，猎人于茂林间净扫地，稍散谷于上，禽往来行游，且步且啄，则稿竿取之。麂行草莽中，畏人见其迹，但循一径，无问远近也。村民结绳为环，置其所行处，麂足一絓，则倒悬于枝上，乃生获之。江南多土蜂，人不能识其穴，往往以长纸带黏于肉，蜂见之必衔入穴，乃蹑寻得之，熏取其子。虫鸟之智，自谓周身④矣，如人之不仁何?

注 释

① 竹鸡：鸟名。形似鹧鸪而小，上体橄榄褐色，胸部棕色多斑，多生活在竹林里。

② 俦：辈，同类。

③ 媒：射猎时用作诱饵，或驯养以招引其同类的鸟兽，后多

指鸟媒。《周礼·秋官·翨氏》："掌攻猛鸟。各以其物为媒而掎之，以时献其羽翮。"

④ 周身：保全自身。

译文

竹鸡的本性，遇到它的同类必然争斗。捕竹鸡的人扫落叶来做围墙，把媒鸟放在里面，自己就隐身到后边操纵罗网。刺激媒鸟让它鸣叫，竹鸡听到叫声必然会循声而来，闭着眼睛飞进树叶堆起的围墙，直接向前要和媒鸟争斗，这时网已收起，没有能逃脱的。大概竹鸡的眼睛已经闭上，就看不到背后的人了。鹧鸪本性喜好干净，猎人在茂密的树林中打扫干净地面，稍微撒些谷子在上面。鹧鸪往来游走，边走边啄食，猎人就用细长的竿把它粘住。麂在草莽中行走，害怕人看到它的足迹，只循着一条道走，无论远近。村民把绳结成环套，放置在它路过的地方，麂足一套在环里，就会被倒悬在树枝上，被人生擒。江南多土蜂，人们不知道它们的洞穴在哪里，往往把长纸条粘在肉上，蜂看到肉一定要把它衔到洞里，人们循着踪迹就找到了它的洞穴，用火熏就获取了它的幼虫。虫鸟的智慧，自以为可以保全自身，但对于人类的不仁又有什么办法呢？

士之处世

原 文

士之处世，视富贵利禄，当如优伶之为参军，方其据几正坐，噫呜诃箠，群优拱而听命，戏罢则亦已矣。见纷华盛丽，当如老人之抚节物[①]，以上元、清明言之，方少年壮盛，昼夜出游，若恐不暇，灯收花暮，辄怅然移日[②]不能忘，老人则不然，未尝置欣戚于胸中也。睹金珠珍玩，当如小儿之弄戏剧[③]，方杂然前陈，疑若可悦，即委之以去，了无恋想。遭横逆机阱，当如醉人之受骂辱，耳无所闻，目无所见，酒醒之后，所以为我者自若也，何所加损哉？

注 释

① 节物：应节的物品。

② 移日：移动日影。指不短的一段时间。《谷梁传·成公二

年》："相与立胥间而语，移日不解。"

③ 戏剧：指玩具。

译文

士人处世，对待富贵利禄的态度，应像优伶扮演军官。当他凭靠几案，正襟危坐，发号施令时，众优伶都拱手而立，听从他的命令，但戏演完也就结束了。见到豪华富丽场面，就应像老年人对待应节的物品一样。以上元、清明节来说，正当年轻力壮的人昼夜出游，就好像害怕时间不够用，彩灯收起来了，鲜花凋零了，就会沮丧很长时间不能忘怀。老人就不一样了，他们不会把欢喜忧愁放在心里。而对待黄金、珠宝、珍贵器物的态度，也应像小孩玩游戏，当那些东西胡乱地陈列在自己面前，看似喜悦，一旦丢下离开，一点都不留恋。遇到蛮横无理、阴谋算计的事，应像喝醉了酒被人辱骂，张着耳朵却什么也听不进，睁着眼睛却什么都没有看见，酒醒之后，依然故我，对我又有什么损害呢？

光武仁君

原 文

汉光武虽以征伐定天下，而其心未尝不以仁恩招怀[①]为本。隗嚣受官爵而复叛，赐诏告之曰：“若束手自诣，保无他也。”公孙述据蜀，大军征之垂灭矣，犹下诏谕之曰：“勿以来歙、岑彭受害自疑，今以时自诣，则家族全，诏书手记不可数得，朕不食言。”遣冯异西征，戒以平定安集为急。怒吴汉杀降，责以失斩将吊民之义，可谓仁君矣。萧铣举荆楚降唐，而高祖怒其逐鹿之对，诛之于市，其隘如此，《新史》犹以高祖为圣，岂理也哉？

注 释

① 招怀：招抚，怀柔。《史记·汲郑列传》：“是时，汉方征匈奴，招怀四夷。”

译 文

东汉光武帝虽然依靠武力征伐平定天下，可是他的心中认为治理国家应该以仁慈、恩情、招降、安抚为根本。隗嚣接受官爵后再次反叛，光武帝下诏说：“如果你放弃抵抗主动投降，保证没有其他处分。”公孙述据守蜀地，光武帝派大军前去征讨，即将平灭时还下诏告诉他：“不要因为你杀了我的大将来歙、岑彭而心怀疑虑，现在及时归降，仍可以保全家族。皇帝亲笔诏书不可多得，我说话算数。”光武帝派遣冯异西征时，告诫他平定地方、安抚百姓是当务之急。光武帝因为吴汉杀降将而发怒，责备他不应斩杀敌将，并告诉他抚慰民众的道理，可以称为仁君了。萧铣割据长江中游，兵败降唐，可是唐高祖李渊恼怒他曾跟自己争夺天下，把他杀死在长安的大街上，其心地狭隘到这种地步，《新唐书》还把他称为圣人，有这样的道理吗？

任安田仁

原文

任安、田仁，皆汉武帝时能臣也，而《汉史》载其事甚略，褚先生曰：“两人俱为卫将军舍人，家监使养恶啮马。仁曰：‘不知人哉家监也！’安曰：‘将军尚不知人，何乃家监也！’后有诏募择卫将军舍人以为郎。会贤大夫赵禹来，悉召舍人百余人，以次问之，得田仁、任安，曰：‘独此两人可耳，余无可用者。’将军上籍以闻。诏召此二人，帝遂用之。仁刺举[1]三河，时河南、河内太守皆杜周子弟，河东太守石丞相子孙，仁已刺三河，皆下吏[2]诛死。”观此事，可见武帝求才不遗微贱，得人之盛，诚非后世所及。然班史言：“霍去病既贵，卫青故人门下多去事之，唯任安不肯去。”又言：“卫将军进言仁为郎中。”与褚生所书为不同。《杜周传》云：“两子夹河为郡守，治皆酷暴。”亦不书其所终，皆阙文也。

注释

① 刺举：检举。

② 下吏：交付司法官吏审讯。《史记·老子韩非列传》：“秦

王以为然，下吏治非。”

译 文

任安、田仁都是汉武帝时的能臣，而汉代的史书对这两人的事记录得很简略，褚先生说：“两个人都是卫青将军的门客幕僚，卫家总管让他们去饲养暴烈咬人的马匹。田仁说：‘这个总管没有知人之明啊！’任安说：‘将军尚且不能知人善任，更何况总管呢！’后来有诏书要从卫将军的门客中选拔合适的人做郎中，恰逢是由贤明的士大夫赵禹来主持其事，他把一百多名门客全都召集起来，依次口头考核他们，发掘了田仁、任安，说：‘只有这两个人可以，其余的人没有可用的。’卫青就向朝廷奏报了这两个人的户籍。武帝下诏书征召这两个人，并重用了他们。田仁做了丞相长史时，检举三河的地区长官，当时河南、河内二郡的地方长官都是御史大夫杜周的子弟，河东太守是丞相石庆的子孙，田仁既然已检举了他们，就把他们都交付司法官员而诛杀了。”由此可见，汉武帝寻求贤才并不遗漏地位低贱的人，他得到的人才之丰盛，实在不是后世君王能赶得上的。可是班固的《汉书》说：“霍去病显贵之后，卫青的故友门人很多离去，去侍奉霍去病，只有任安不肯离去。”又说：“卫将军向皇帝进言让田仁做郎中。”这跟褚先生所写的内容不同。《杜周传》说：“杜周的两个儿子在黄河两岸的紧靠着的两个郡做太守，郡事治理都很严酷暴虐。”也没有写明他们最后的结果，都缺漏了记录。

范晔作史

原 文

范晔在狱中，与诸甥侄书曰：“吾既造《后汉》，详观古今著述及评论，殆少可意者。班氏最有高名，既任情无例，不可甲乙①，唯志可推耳。博赡②可不及之，整理未必愧也。吾杂传论，皆有精意深旨。至于《循吏》以下及六夷诸序论，笔势纵放，实天下之奇作。其中合者，往往不减《过秦篇》。尝共③比方④班氏所作，非但不愧之而已。赞⑤自是吾文之杰思，殆无一字空设，奇变不穷，同合异体，乃自不知所以称⑥之。此书行，故应有赏音者。自古体大而思精，未有此也。”晔之高自夸诩如此。至以谓过班固，固岂可过哉？晔所著序论，了无可取，列传如邓禹、窦融、马援、班超、郭泰诸篇者，盖亦有数也，人苦不自知，可发千载一笑。

注 释

① 甲乙：评定优劣。宋叶梦得《石林燕语》卷八：“或言高下定于考试官，编排第受成而甲乙之，无预与夺。”

② 博赡：渊博，丰富。

③ 共：副词，皆，共同，一起。

④ 比方：比较，对照。

⑤ 赞：《赞》，《后汉书》中的赞语部分。

⑥ 称：称道，称扬。

译文

范晔在狱中时，给他的外甥和侄子们写信说："我已经写成了《后汉书》，细看古今的著述及有关的评论，很少有能让我满意的。班固的名望最高，可是他的作品放纵情感，没有章法体例可循，就不值得评判其优劣了，只有他著书的志向是值得推崇的。我虽然在史料的广博丰赡上比不上他，但我的材料整理得整齐有条理，他却未必能使我惭愧。我写的杂传后面的评论，都有精深的意旨。至于《循吏》以下及至六夷部分的诸篇序论，文笔放纵自如，实在是天下的奇作。书中有的篇章，往往不低于贾谊的《过秦论》。曾把班氏的书和我的《后汉书》放在一起比较，不仅不自惭形秽，反而强很多。赞语部分自然是我文章的杰出构思之处，大概没有一个字虚设，文章的变化奇妙无穷，相同的内容用不同方式表述，竟然连我自己都不知道怎么称赞它才好。这部书流传于世，必定能得到人们赞誉。自古以来还没有这样体例严谨而思致精密的作品。"范晔自高自大，夸耀自诩到了这种地步，竟至于说自己超过了班固，班固难道是随便就可以超越的吗？范晔所写的序论，丝毫没有可取的地方，列传如邓禹、窦融、马援、班超、郭泰诸篇，是有数可取的几篇。人最怕不自知，范晔如此自夸，千年之后都免不了遭人耻笑。

苏子由诗

原 文

苏子由《南窗》诗云："京城三日雪，雪尽泥方深。闭门谢还往，不闻车马音。西斋书帙乱，南窗朝日升。展转守床榻，欲起复不能。开户失琼玉[①]，满阶松竹阴。故人远方来，疑我何苦心。疏拙自当尔，有酒聊共斟。"此其少年时所作也。东坡好书之，以为人间当有数百本，盖闲淡简远，得味外之味云。

注 释

① 琼玉：比喻霜雪。

译 文

苏辙（字子由）有《南窗诗》说："京城三日雪，雪尽泥方深。闭门谢还往，不闻车马音。西斋书帙乱，南窗朝日升。展转守床榻，欲起复不能。开户失琼玉，满阶松竹阴。故人远方来，疑我何苦心。疏拙自当尔，有酒聊共斟。”这是他少年时作的。苏东坡很喜欢这首诗，认为人世间应当有几百本流传，大概是由于这首诗意境闲淡简远，有超越表面文字的情味吧。

世事不可料

原文

秦始皇并六国，一天下，东游会稽，度浙江，撊然①谓子孙帝王万世之固，不知项籍已纵观其旁，刘季起喟然之叹于咸阳矣。曹操芟夷群雄，遂定海内，身为汉相，日夜窥伺龟鼎②，不知司马懿已入幕府矣。梁武帝杀东昏侯，覆齐祚，而侯景以是年生于漠北。唐太宗杀建成、元吉，遂登天位，而武后已生于并州。宣宗之世，无故而复河、陇，戎狄既衰，藩镇顺命，而朱温生矣。是岂智力谋虑所可为哉？

注释

① 撊然：倨傲。

② 龟鼎：元龟与九鼎，古时为国之重器，因以比喻帝位。《后汉书·宦者传序》："自曹腾说梁冀，竟立昏弱。魏武因之，遂迁龟鼎。"

译文

秦始皇并吞六国，一统天下，东游到会稽，渡过浙江，倨傲地以为子孙帝王万世的基业已经牢固，不知项羽已经在旁边觊觎窥伺，刘邦已在咸阳发出了“大丈夫当如此”的喟然之叹。曹操歼灭群雄，平定天下，身为汉朝丞相，日夜觊觎皇帝之位，不知司马懿已经进入了他的幕府。梁武帝杀了东昏侯，灭亡了南齐，而侯景就在这一年出生在漠北。唐太宗杀了建成、元吉，登上了皇位，而武后已经出生在并州。唐宣宗时代，国家没有大的变故就收复了河、陇地区，蛮夷的势力已经衰落，藩镇顺服听命于朝廷，而将来灭亡唐朝的朱温出生了。这些难道是仅凭智慧谋略就能改变的吗？

王卫尉

原 文

汉高祖怒萧何，谓王卫尉曰：“李斯相秦皇帝，有善归主，有恶自予，今相国请吾苑以自媚[1]于民，故系治[2]之。”卫尉曰：“秦以不闻其过亡天下，李斯之分过，又何足法哉！”唐太宗疑三品以上轻魏王，责之曰：“我见隋家诸王，一品以下皆不免其踬顿[3]，我自不许儿子纵横耳。”魏郑公曰：“隋高祖不知礼义，宠纵诸子，使行非礼，寻皆罪黜，不可以为法，亦何足道。”观高祖、太宗一时失言，二臣能因其所言随即规正，语意既直，于激切中有婉顺体，可谓得谏争之大义。虽微二帝，其孰不降心以听乎！

注 释

① 自媚：自动去谄媚、巴结他人。《史记·淮阴侯列传》：“汉所以不击取楚，以眛在公所。若欲捕我以自媚于汉，吾今日死，公亦随手亡矣。”

② 系治：囚禁而治其罪。《史记·萧相国世家》：“今相国多受贾竖金而为民请吾苑，以自媚于民，故系治之。”

③ 踬顿：挫辱。唐吴兢《贞观政要·纳谏》："我见隋家诸王，达官已下，皆不免被其踬顿。"

译文

汉高祖对相国萧何很愤怒，就对王卫尉说："李斯做秦朝皇帝的宰相，有了好事归功于国君，有了坏事就留给自己，现在相国萧何竟然请求开垦我的上林苑荒地去讨好老百姓，所以我要把他囚禁治罪。"王卫尉说："秦朝皇帝因为不听自己的过失而丢了天下，李斯分担过责，又有什么值得效法的？"唐太宗李世民怀疑三品以上官员轻视自己的儿子魏王李泰，便责备他们说："我看到隋朝的诸位侯王，一品以下的官员都毕恭毕敬地对他们行礼，我自然不会允许皇子们骄横恣纵（但也不能让他们受到轻视）。"魏徵听后说："隋高祖不知礼义，宠爱放纵诸位皇子，致使他们做出无礼的举动，不久诸王都因罪被废黜，这种做法本不可以效法，又有什么值得称道的！"考察汉高祖和唐太宗一时失言时，王卫尉和魏徵二臣都能根据他们说的话随机应变地规劝，言辞已经很直率了，又能在激切中不失委婉恭顺，可谓深得谏争之大义。即使不是两位英明的君主，其他人谁能不虚心听取、诚恳接受呢？

治盗法不同

原 文

唐崔安潜为西川节度使，到官不诘盗①。曰：“盗非所由通容②，则不能为。”乃出库钱置三市，置榜其上，曰：“告捕一盗，赏钱五百缗。侣者告捕，释其罪，赏同平人。”未几，有捕盗而至者。盗不服，曰：“汝与我同为盗十七年，赃皆平分，汝安能捕我？”安潜曰：“汝既知吾有榜，何不捕彼以来？则彼应死，汝受赏矣。汝既为所先，死复何辞？”立命给捕者钱，使盗视之，然后杀盗于市。于是诸盗与其侣互相疑，无地容足，夜不及旦，散逃出境，境内遂无一人为盗。予每读此事，以为策之上者。及得李公择治齐州事，则又不然。齐素多盗，公择痛治之，殊不止。他日得黠盗，察其可用，刺③为

兵，使直事[4]铃下[5]。间问以盗发辄得而不衰止之故。曰：“此繇富家为之囊[6]。使[7]盗自相推为甲乙[8]，官吏巡捕及门，擒一人以首[9]，则免矣。”公择曰：“吾得之矣。”乃令凡得藏盗之家，皆发[10]屋破柱[11]，盗贼遂清。予乃知治世间事，不可泥[12]纸上陈迹。如安潜之法，可谓善矣，而齐盗反恃此以为沉命[13]之计，则变而通之，可不存乎其人哉！

注释

① 诘盗：究办强盗。《左传·襄公二十一年》：“于是鲁多盗。季孙谓臧武仲曰：‘子盍诘盗？’”

② 通容：通“容纳”。汉蔡邕《上封事陈政要七事》：“至有奸轨之人，通容其中。”

③ 刺：征募兵卒的代称。宋制，凡兵卒常刺字为记，故称。

④ 直事：指值班。《文选·左思》：“禁台省中，连闼对廊，直事所繇，典刑所藏。”

⑤ 铃下：指侍卫、门卒或仆役。

⑥ 囊：敛藏。《管子·任法》：“世无请谒任举之人……皆囊于法以事其主。”

⑦ 使：连词，如果。

⑧ 甲乙：代词，指某某。

⑨ 首：伏罪。《汉书·文三王传》：“王阳病抵谰，置辞骄嫚，不首主令，与背畔亡异。”

⑩ 发：通“废”，毁坏。《左传·襄公二十八年》：“陈无宇济水而戕舟发梁。”

⑪ 破柱：《后汉书·党锢传·李膺》："时张让弟朔为野王令，贪残无道，至乃杀孕妇，闻膺厉威严，惧罪逃还京师，因匿兄让弟舍，藏于合柱中。膺知其状，率将吏卒破柱取朔，付洛阳狱。受辞毕，即杀之。"后以"破柱求奸"为不畏权贵，搜索坏人，以正国法的典故。

⑫ 泥：拘执，不变通。《荀子·君道》："知明制度权物称用之为不泥也。"

⑬ 沉命：古代为督责主管官吏缉捕盗贼而颁布的一种法令。

译 文

唐朝的崔安潜做西川节度使，到任后不去究办强盗，他说："如果没有盗贼所经之地的人们的通容，盗贼是无法为非作歹的。"于是，他从公家仓库拿出钱放到一天中早上、中午、晚上三次集市上，并在上面贴上榜文："告发和捕捉到一名盗贼，赏钱五百缗（一千文为一缗）。如果同伙告捕，则免其罪，赏钱和一般人一样多。"不久，有人捕获了一个盗贼送到集市来。盗贼不服，对这个人说："你和我一同为盗十七年，赃物都平分，你怎么能捉我呢？"崔安潜说："你既然已经知道我贴了榜文，为什么不将他捉来？如果你把他捉来，那么他应当被处死，而你则要得到奖赏。你既然已经被他先告发了，处死你还有什么可说的呢？"随即下令付给捕盗者赏钱，让未落网的盗贼们看见这些，然后把被捕的盗贼在集市上处死。于是，盗贼与同伙之间相互猜疑，无处容身，这天夜里还不到早上，境内的盗贼都离去了。我每读此事，都认为这种做法是治盗的上策。等到我读了李公择治理齐州盗贼（今山东

济南）的事迹，就又不这么认为了。齐地一向多盗贼，李公择痛下决心治理，却不能有效地制止盗贼的偷盗行为。有一天，捕获了一名狡猾的盗贼，李公择考察他可被任用，便在他的脸上刺字编入军队，让他以侍卫的身份值班。李公择乘机问他齐州发生盗案能捕获盗贼却不能断绝盗窃行为的原因，他回答说："这是富贵人家把他们隐藏起来的缘故。如果让抓捕到案的盗贼自相告发窝藏罪犯的富贵之家，而官吏上门巡捕，捉住一个就让他伏法，杀一儆百，这样就可免除盗患。"李公择说："我找到方法了！"于是，便下令凡是发现窝藏盗贼的人家，都把房子给拆了，盗贼就清除了。我才知道治理政事，不能拘泥于书上的过时的法子。像崔安潜这样的治盗的方法可以说是好法子了，但齐地的盗贼反而借此作为连坐相保的计策，可见根据具体情况有所变通，关键还是事在人为！

真假皆妄

原 文

江山登临之美，泉石赏玩之胜，世间佳境也，观者必曰如画。故有“江山如画”“天开图画即江山”“身在画图中”之语。至于丹青之妙，好事君子嗟叹之不足者，则又以逼真目之。如老杜“人间又见真乘黄”“时危安得真致此”“悄然坐我天姥下”“斯须九重真龙出”“凭轩忽若无丹青”“高堂见生鹘”“直讶杉松冷”“兼疑菱荇香”之句是也。以真为假，以假为真，均之为妄境耳。人生万事如是，何特①此耶？

注 释

① 特：但，仅，只是。《韩非子·曾子杀彘》：“妻止之曰：‘特与婴儿戏耳！’”

译 文

江山登临之美，泉石赏玩之胜，是世间之佳境，看到的人必定要说其景色优美如画，因此有“江山如画”“天开图画即江山”“身在画图中”等语。至于画作之妙，人们叹服之余，又觉得画得很逼真。如杜甫的“人间又见真乘黄”“时危安得真致此”“悄然坐我天姥下”“斯须九重真龙出”“凭轩忽若无丹青”“高堂见生鹘”“直讶杉松冷”“兼疑菱荇香”等诗句都是这样。以真为假，以假为真，都是虚妄的境界。人生在世，万事无不如此，哪里只限于艺术呢？

续笔

戒石铭

原 文

"尔俸尔禄，民膏民脂。下民易虐，上天难欺。"太宗皇帝书此，以赐郡国，立于听事之南，谓之《戒石铭》。案，成都人景焕，有《野人闲话》一书，乾德三年所作，其首篇《颁令箴》，载蜀王孟昶为文颁诸邑云："朕念赤子，旰食宵衣[①]。言之令长，抚养惠绥[②]。政存三异[③]，道在七丝[④]。驱鸡[⑤]为理，留犊[⑥]为规。宽猛得所[⑦]，风俗可移。无令侵削，无使疮痍。下民易虐，上天难欺。赋舆[⑧]是切，军国是资。朕之赏罚，固不逾时。尔俸尔禄，民膏民脂。为民父母，莫不仁慈。勉尔为戒，体朕深思。"凡二十四句。昶区区爱民之心，在五季诸僭伪之君为可称也，但语言皆不工，唯经表出者，词简理尽，遂成王言，盖诗家所谓夺胎换骨[⑨]法也。

注 释

① 旰食宵衣：天已晚才吃饭，天不亮就穿衣起来，形容勤于政务。南朝陈徐陵《陈文帝哀策文》："勤民听政，旰食宵衣。"

② 惠绥：指安抚。

③ 三异：指汉中牟令鲁恭行德政而出现的三种奇迹。

④ 七丝：古琴的七根弦，亦借指七弦琴。

⑤ 驱鸡：喻作官御民。

⑥ 留犊：喻居官清廉，纤介不取。

⑦ 宽猛得所：即宽猛相济。宽大和严厉互为补充。

⑧ 赋舆：兵车。古代以田赋出兵，故称兵车为“赋舆”。《左传·成公二年》：“群臣帅赋舆，以为鲁卫请。”

⑨ 夺胎换骨：原为道教语。谓脱去凡胎俗骨而换为圣胎仙骨。后用以喻师法前人而不露痕迹，并能创新。

译文

“你们的俸禄，都是民脂民膏；虽然百姓容易虐待，但上天难欺骗。”宋太宗写了这四句，赐给各郡国的官员，让他们树碑立在厅堂的南面，称作《戒石铭》。据我考察，成都人景焕写了一本《野人闲话》的书，是太祖乾德三年（965年）写的。书中首篇《颁令箴》记载了后蜀王孟昶曾作文颁发给各个县邑的官员：“我关心百姓，勤于政务。要求各地方令长，安抚惠养百姓，政绩要达到‘三异’的标准，通过七弦琴考察治乱。政令要像驱赶鸡群一样不急不躁，要像留犊那样纤介不取，宽猛相济，才能移风易俗。不要侵害剥削百姓，不要让他们遭受苦难。虐待百姓很容易，可是上天难以欺瞒。要关心赋税，资助军事。我对你们该有的赏罚，是不会拖延时间的。你们的薪俸，都是民脂民膏。作为百姓的父母官，谁都不能不以仁慈为本。勉励你们要以此为戒，体察我的深远用意。”总共二十四句。孟昶诚挚的爱民之心，在五代十国的国君里是可称道的。但他这篇文章语言不精省工整，只有从中概括出来的四句，言辞简练，道理明了，于是成为帝王的名言。这种方法大概就是诗词家们所说的脱胎换骨的写作方法吧。

晋燕用兵

原 文

万事不可执一法，而兵为甚。晋文公围曹，攻门者多死，曹人尸诸城上。晋侯患之，听舆人[①]之谋，曰：“称舍于墓。”言若将发冢者。师迁焉，曹人凶惧，因其凶而攻之，遂入曹。燕将骑劫攻齐即墨，田单纵反间，言吾惧燕人掘吾城外冢墓。燕军乃尽掘冢墓，烧死人，齐人望见皆涕泣，其欲出战，怒自十倍，已而果败燕军。观晋、燕之所以用计则同，而其成败顿异者何邪？晋但舍于墓，阳为若将发冢，故曹人惧，而燕真为之，以激怒齐人故尔。

注 释

① 舆人：古代操贱役的吏卒。《左传·昭公四年》：“舆人纳之，隶人藏之。”杜预注：“舆、隶皆贱官。”

译文

万事不可拘泥于一种方法，打仗更是如此。晋文公领兵包围了曹国都城，攻打城门的士兵死了很多，曹国人把这些尸体陈列在城墙上，向晋兵示威，晋文公以此为患。听到有役卒献计说："把兵营移到曹国人祖先的墓地去，并且扬言将要挖他们的祖坟他们就会害怕。"于是晋文公就把兵营移向曹人墓地。晋文公的军队迁到曹人墓地后，曹国人非常恐慌。晋兵便趁曹军恐慌之机出兵袭击，于是攻进了曹国都城。燕将骑劫攻打齐国的即墨城，守将田单派间谍去散布谣言，说我们害怕燕国军队掘我们城外的祖坟。燕军就把城外齐国人的祖坟全挖开，并烧死人的尸骨。齐国人望见了都痛哭流涕，他们要出城奋战的决心和愤怒增加了十倍，最终果然打败了燕军。考察晋、燕两国所用的计策是相同的，但他们的成败却截然相反，这是为什么呢？因为晋文公只在曹国坟地驻兵，佯装要挖他们的祖坟，所以曹国人很恐惧，而燕军真的这样干了，致使激怒了齐国人，所以才这样。

汤武之事

原 文

汤、武之事，古人言之多矣。惟汉辕固、黄生争辩最详。黄生曰：“汤、武非受命，乃杀也。”固曰：“不然，桀、纣荒乱，天下之心皆归汤、武。汤、武因天下之心而诛桀、纣，不得已而立，非受命为何？”黄生曰：“冠虽敝必加于首，履虽新必贯于足。今桀、纣虽失道，君上也，汤，武虽圣，臣下也，反因过而诛之，非杀而何？”景帝曰：“食肉毋食马肝，未为不知味；言学者毋言汤、武受命，未为愚。”遂罢。颜师古注云：“言汤、武为杀，是背经义，故以马肝为喻也。”《东坡志林》云：“武王非圣人也，昔者孔子盖罪汤、武，伯夷、叔齐不食周粟，而孔子予之，其罪武王也甚矣。至孟轲始乱之，使当时有良史，南巢之事，必以叛书，牧野之事，必以弑书。汤、武仁人也，必将为法受恶。”可谓至论。然予切考孔子之序《书》，明言伊尹相汤伐桀，成汤放桀于南巢，武王伐商，武王胜商杀受，各蔽以一语，而大指皦如[1]，所谓六艺折衷[2]，无待于良史复书也。

注释

① 皦如：清晰，分明。《论语·八佾》："乐其可知也；始作，翕如也；从之，纯如也，皦如也，绎如也，以成。"

② 折衷：取正，用为判断事物的准则。

译文

商汤和周武王的事情，古人评论得很多了。只有汉朝的辕固和黄生二人争辩得最详细。黄生说："商汤和周武王不是接受天命，而是弑君篡夺了政权。"辕固说："不是这样的，桀、纣荒淫残暴，天下的人心已归附商汤和周武王。商汤和周武王是顺应天下人心才诛杀了桀、纣，不得已才即位，这不是接受天命又是什么呢？"黄生说："帽子虽然破旧，一定还是戴在头上的；鞋子虽然新，但一定要穿在脚上。现在桀、纣虽然无道，但作为君主他还是在上的，汤、武虽然圣明，但还是臣下，反而因君主有过就杀掉他们，这不是弑君又是什么？"汉景帝说："吃肉的人不吃有毒的马肝，未必就是不知道美味；学者不说商汤、周武王是上承天命，也不一定就是愚昧无知。"争论到此就停止了。颜师古注解说："说汤、武弑君是违背了经义的，所以景帝才用马肝作比喻。"《东坡志林》说："武王不能算是圣人，以前孔子大概是责备商汤和武王的。伯夷、叔齐不愿吃周朝的粟米而饿死，孔子却赞许他们，从这里可以看出他把周武王责备得很厉害了。直到孟子才导致这种混乱，假如当时有好的史官，就一定会把商汤将夏桀流放到南巢（今安徽巢湖市南）一事记成商汤叛乱，将周武王在牧野大战殷纣王一事记成周武王弑君。商汤、武王都是有仁德的明君，也必定会为了礼法而接受这样的恶名。”这可说是精辟的见解。但是我考察了孔子给《书经》写的序言，其中明言伊尹做汤的相国征伐夏桀，成汤把夏桀流放到南巢；武王征伐殷商，胜了殷商诛杀了纣王。孔子各用一句话概括评论他们，其中的大意很明了，这就是“六艺”里讲的判别事物的方法，不需要什么良史再去评说了。

张于二廷尉

原 文

张释之为廷尉，天下无冤民。于定国为廷尉，人自以不冤。此《汉史》所称也。两人在职皆十余年。周勃就国，人上书告勃欲反，下廷尉逮捕，吏稍侵辱[①]之，勃以千金与狱吏，吏使以公主为证，太后亦以为无反事，乃得赦出。释之正为廷尉，不能救，但申理犯跸[②]、盗环一二细事耳。杨恽为人告骄奢不悔过，下[③]廷尉案验[④]，始得所予孙会宗书，定国当恽大逆无道，恽坐要斩。恽之罪何至于是？其徇[⑤]主之过如此。传所谓“决疑[⑥]平法[⑦]，务在哀矜”[⑧]者，果何为哉！

注 释

① 侵辱：凌辱。《史记·酷吏列传》：“高后时，酷吏独有侯封，刻轹宗室，侵辱功臣。”

② 犯跸：冲犯皇帝的车驾。

③ 下：交付，发给。《汉书·武帝纪》：“将军已下廷尉，使理正之，而又加法于士卒，二者并行，非仁圣之心。”

④ 案验：查询验证。

⑤ 徇：顺从，依从。

⑥ 决疑：解决疑难问题，判断疑案。

⑦ 平法：持法，执法。亦谓执法平正。《书·立政》“准人”孔传：“准人平法，谓士官。”

⑧ 哀矜：哀怜，怜悯。《书·吕刑》：“皇帝哀矜庶戮之不辜。”

译 文

张释之做廷尉时，天下没有遭受冤屈的人。于定国做廷尉时，犯人们认为自己不会受到冤屈。这些都是《汉书》里的称誉。两人在职都有十余年。绛侯周勃回到自己的封国，有人上书诬告他要谋反，皇帝下诏让廷尉逮捕。狱吏对周勃凌辱，周勃便拿了千两黄金交给狱吏，狱吏让他请公主出面做证，太后也认为周勃不可能做谋反的事，周勃这才得以赦免。当时，张释之正担任廷尉，却不能救周勃，他只不过依法审理了惊犯文帝车驾、盗窃高祖庙前玉环一两件小案子罢了。杨恽被人控告骄奢不悔过，皇帝下诏让廷尉审查，才获得杨恽给孙会宗的一封信。于定国就判杨恽大逆不道，杨恽就因此被腰斩了。杨恽的罪过怎么可能会重到要被判腰斩的程度呢？于定国迎合皇帝的心思就像这样到了枉法的地步。史传所称赞的决断疑案，执法平正，还对犯人有怜悯之心，究竟是怎么来的呢？

汉文帝受言

原 文

汉文帝即位十三年，齐太仓令淳于意有罪当刑，其女缇萦，年十四，随至长安，上书愿没入为官婢，以赎父刑罪。帝怜悲其意，即下令除肉刑①。丞相张苍、御史大夫冯敬议，请定律，当斩右止②者反弃市③，笞者杖背五百至三百，亦多死，徒有轻刑之名，实多杀人。其三族之罪，又不乘时建明，以负天子德意，苍、敬可谓具臣④矣。史称文帝止辇受言。今以一女子上书，躬自省览，即除数千载所行之刑，曾⑤不留难⑥，然则天下事岂复有稽滞⑦不决者哉？所谓集上书囊以为殿帷，盖凡囊封之书，必至前也。

注 释

① 肉刑：残害肉体的刑罚，古指墨、劓、剕、宫、大辟等。今泛指对受审者肉体上的处罚。

② 止：脚。《汉书·刑法志》：“当斩左止者，笞五百。”

③ 弃市：本指受刑罚的人皆在街头示众，民众共同鄙弃之，后以“弃市”专指死刑。

④ 具臣：备位充数之臣。

⑤ 曾：副词。乃，竟。《诗·卫风·河广》：“谁谓河广？曾不容刀。”

⑥ 留难：无端阻留，故意刁难。

⑦ 稽滞：拖延，延误。

译文

汉文帝即位后的第十三年（公元前167年），齐王国的太仓令淳于意犯了罪，应当处以刑罚。他的女儿缇萦才十四岁，随着被囚禁的父亲来到长安，她向文帝上书，自愿进入官府做奴婢只求让父亲免于受刑。文帝可怜她的用心，立即下令废除了残害肉体的刑罚。丞相张苍、御史大夫冯敬建议统一法律，应当砍掉右脚的人反而执行死刑，应当判笞刑的却打脊背五百至三百下，也造成大量的人被刑罚致死。徒有减轻刑罚的虚名，实际上反而多杀了人。至于株连三族的刑罚，又不趁修订律法时建议废除，致使辜负了皇帝仁爱的意图，张苍和冯敬可谓是备位充数的臣子了。史书上称汉文帝能停下车听取别人的建议。如今一个女子的上书，他都能亲自审阅，并立即废除沿用了千年的刑罚，一点也不觉得为难，这样天下的事哪还有拖延不决的呢？如果收集装奏书的囊袋来做宫殿的帷幕，这样奏书一定会不断地到来。

东坡明正

原 文

东坡《明正》一篇送于伋失官东归云：“子之失官，有为子悲如子之自悲者乎？有如子之父兄妻子之为子悲者乎？子之所以悲者，惑于得也。父兄妻子之所以悲者，惑于爱也。”案，《战国策》齐邹忌谓妻曰：“我孰与城北徐公美？”其妻曰：“君美甚，徐公何能及公也。”复问其妾与客，皆言“徐公不若君之美”。暮寝而思之，曰：“吾妻之美我者，私我也；妾之美我者，畏我也；客之美我者，欲有求于我也。”东坡之斡旋[1]，盖取诸此。然《四菩萨阁记》云：“此画乃先君之所嗜，既免丧[2]，以施浮图惟简，曰：‘此唐明皇帝之所不能守者，而况于余乎！余惟自度不能长守此也，是

以与子。’”而其末云：“轼之以是与子者，凡以为先君舍也。”与初辞意盖不同，晚学所不晓也。

注 释

① 斡旋：指调解、调停。

② 免丧：谓守孝期满，除去丧服。《礼记·杂记下》：“免丧之外，行于道路，见似目瞿，闻名心瞿。”

译 文

苏东坡的《明正》这篇文章是用来送于伋免官后东归故乡的，上面说：“你被免职后，有没有人像你自己那样为你悲伤呢？有没有人像你的父兄妻子一样为你悲伤呢？你自己之所以悲伤，是迷惑于患得患失的心；父兄妻子之所以为你悲伤，是出于对你的私爱。”我考察《战国策》中记载齐国的邹忌曾对妻子说：“我和城北的徐公相比，谁长得美？”他的妻子说：“你更美，徐公怎能比得上你呢？”邹忌又问他的妾和客人，他们都说：“徐公不如你长得美。”邹忌晚上睡觉就想这件事：“我的妻子认为我更美是因为偏爱我，妾认为我更美是因为害怕我，客人以为我更美是因为有事求我。”苏东坡的调解安慰，大概是取典于此。但他在《四菩萨阁记》中写道：“这幅画是我的父亲生前所珍爱的，守丧期结束后，就把它布施给和尚惟简，并对他说：‘这是唐明皇所不能长期保有的，更何况我呢！我自知不能长期保有这幅画，所以才赠送给你。’”文章末尾又写道：“我把这幅画给你，主要是将它们作为先父的施舍。”这和文章开头的意思不同，是我不能理解的。

无望之祸

原 文

自古无望之祸玉石俱焚者，释氏谓之劫数，然固自有幸不幸者。汉武帝以望气[①]者言长安狱中有天子气，于是遣使者分条中都官诏狱系者，亡[②]轻重一切皆杀之，独郡邸狱系者，赖丙吉得生。隋炀帝令嵩山道士潘诞合炼金丹不成，云无石胆石髓，若得童男女胆髓各三斛六斗，可以代之，帝怒斩诞。其后方士言李氏当为天子，劝帝尽诛海内李姓。以炀帝之无道嗜杀人，不啻[③]草莽，而二说偶不行。唐太宗以李淳风言女武当王，已在宫中，欲取疑似者尽杀之，赖淳风谏而止。以太宗之贤尚如此，岂不云幸不幸哉！

注 释

① 望气：古代方士的一种占候术，观察云气以预测吉凶。

② 亡：通“无”。

③ 不啻：不仅，何止。《书·多士》：“尔不克敬，尔不啻不有尔土，予亦致天之罚于尔躬。”

译文

自古以来因为飞来横祸以致玉石俱焚的事情，佛家称之为“劫数”，但也有幸与不幸之分。汉武帝时，望气的术士说长安监狱里有天子气，于是汉武帝便派了使臣分头下令给京都里的有关官员，让他们把各狱犯人不论罪行轻重一律处死，只有郡邸狱所关押的皇曾孙刘病已，因为廷尉丙吉的保护才幸免于难，这就是后来的汉宣帝。隋炀帝让嵩山道士潘诞合炼金丹，可是一直炼不成，他说是因为缺少石胆石髓，如果能弄到童男童女的胆、髓各三斛六斗，便可以代替，隋炀帝听后勃然大怒，下令将潘诞处死了。后来方士又说姓李的人会成为天子，劝隋炀帝把全国李姓之人统统杀掉，但隋炀帝没有听信这方士的话。以隋炀帝无道好杀的脾性，和土匪无异，以上两件事，他出人意料地没有实行。唐太宗听李淳风说以后姓武的女性当为天子，并且已经进宫，便打算把可疑的宫女全都杀掉，幸亏李淳风加以劝谏，才没有实行。像唐太宗这样英明杰出的皇帝尚且如此，所以说世间的事有幸和不幸之分。

栽松诗

原 文

白乐天《栽松》诗云："小松未盈尺，心爱手自移。苍然涧底色，云湿烟霏霏。栽植我年晚，长成君性迟。如何过四十，种此数寸枝。得见成阴否，人生七十稀。"予治圃①于乡里，乾道己丑岁，正年四十七矣。自伯兄山居手移稚松②数十本，其高仅四五寸，植之云壑石上，拥土以为固，不能保其必活也。过二十年，蔚然成林，皆有干霄之势，偶阅白公集，感而书之。

注 释

① 圃：种植蔬菜、花果或苗木的园地。《诗·齐风·东方未明》："折柳樊圃，狂夫瞿瞿。"

② 稚松：小松树，松树苗。宋陆游《云门感旧》诗："稚松看

到偃霜盖，废寺忆曾开宝坊。”

译文

白乐天的《栽松》诗说：“小松未盈尺，心爱手自移。苍然涧底色，云湿烟霏霏。栽植我年晚，长成君性迟。如何过四十，种此数寸枝。得见成阴否，人生七十稀。”我在家乡修整园圃时，正当乾道己丑（1169）年，当时我已经四十七岁了。从大哥（洪适）家的住地亲手移来几十棵小松树，树高仅有四五寸，栽植在石头地上，培上土加固起来，不敢保证松树一定能成活。过了二十年，竟然形成了一片繁茂的松林，松树一棵棵都有上冲云霄的气势，我偶尔翻阅白公的文集，感慨而写了这段话。

窦贞固

原文

窦贞固，汉隐帝相也。周世罢政[①]，以司徒就第[②]。后范质用此官在中书，乃归洛阳。常与编户课役[③]，贞固不能堪，诉于留守向拱，拱不听。熙宁初，富韩公为相，神宗尝对大臣称知河南府李中师治状[④]。公以中师厚结中人[⑤]，因对曰："陛下何从知之？"中师衔[⑥]其沮[⑦]己，及再尹河南，富公已老，乃籍其户，令出免役钱，与富民等。乃知君子失势之时，小人得易而侮之，如向拱、李中师辈，固不乏也。

注释

① 罢政：谓免除宰相职务。

② 就第：指免职回家。

③ 课役：赋税及徭役。

④ 治状：施政的成绩。

⑤ 中人：宦官。《汉书·百官公卿表上》："将行，秦官，景帝中六年更名大长秋，或用中人，或用士人。"

⑥ 衔：怀恨。《汉书·酷吏传·义纵》：“上怒曰：‘纵以我为不行此道乎？’衔之。”

⑦ 沮：诋毁，诽谤。《汉书·李陵传》：“上以迁诬罔，欲沮贰师，为陵游说，下迁腐刑。”

译 文

窦贞固是五代时后汉隐帝的宰相。后周时他被罢免宰相的职务，以司徒头衔回家养老。后来范质成为司徒掌管诏令，窦贞固回到洛阳。他常常和编在户籍里的平民一样承担赋税徭役，窦贞固不能承受这样的负担，便向西京留守向拱诉说了自己的情况请求减轻赋税，向拱没答应他的请求。熙宁初年，韩国公富弼做宰相，神宗曾对大臣们称赞河南府（今河南洛阳）尹李中师的政绩，富弼因为知道李中师送厚礼结交宦官，便问皇帝说：“陛下是从哪里知道这些事的呢？”李中师怀恨他跟自己过不去。等到李中师再次任河南府尹时，富弼已经年老退休住在河南，李中师便把他编入平民户籍，让他出免役钱，负担和富裕的百姓一样。由此可知，君子在失势的时候，小人很容易侮辱他们，像向拱、李中师这样的小人本来就不少。

弱小不量力

原 文

楚庄王伐萧，萧人囚熊相宜僚及公子丙。王曰：“勿杀，吾退。”萧人杀之，王怒，遂灭萧。楚伐莒，莒人囚楚公子平。楚人曰：“勿杀，吾归而俘。”莒人杀之，楚师围莒，莒溃①，遂入郓。齐侯伐鲁，围龙②，顷公之嬖人③卢蒲就魁门④焉，龙人囚之。齐侯曰：“勿杀，吾与而盟，无入而⑤封⑥。”弗听，杀而膊⑦诸城上。齐遂取龙。夫以齐、楚之大，而莒一小国，萧一附庸，龙一边邑，方受攻之际，幸能囚执其人，强敌许以勿杀而退师，乃不度德量力，致怨于彼，至于亡灭，可谓失计。传称子产善相小国，使当此时，必有以处之矣。

注 释

① 溃：败逃，散乱。《左传·齐桓公伐楚》：“齐侯以诸侯之师侵蔡，蔡溃。”

② 龙：古地名，春秋鲁地，在今山东省泰安市。

③ 嬖人：身份卑下而受宠爱的人。指姬妾、侍臣、左右等。

④ 门：攻门或守门。《左传·庄公十八年》：“巴人叛楚而伐那处，取之，遂门于楚。”

⑤ 而：《左传·襄公十四年》：“是而子杀馀之弟也。”杜预注：“而，女也。”

⑥ 封：疆域，分界。《烛之武退秦师》：“〔晋〕既东封郑，又欲肆其西封。”杜预注：“封，疆也。”

⑦ 膊：谓分裂肢体而暴露之。

译 文

楚庄王攻伐萧国（今安徽萧县），萧国把楚国的熊相宜僚及公子丙囚禁起来。庄王说：“不要杀他们，我可以退兵。”萧国人不听，杀死了二人，楚庄王大怒，进兵灭掉了萧国。楚庄王又征伐莒国（今山东莒县），莒国把楚国的公子平囚禁起来。楚国人说：“不要杀他，我们可以放还你们被俘的兵将。”莒国人不听，把公子平杀了，楚国军队于是包围了莒国，莒国军队溃败，只好逃到郓国去。齐国发兵征伐鲁国，包围了鲁国的龙（今山东泰安）地，齐顷公派宠臣卢蒲就魁去攻打城门，龙地的人把卢蒲就魁逮住囚禁起来。齐顷公说：“不要杀他，我可以和你们讲和结盟。”龙人不听，把卢蒲就魁杀了，并悬尸城头示众。齐国人一怒之下攻占了龙地。齐、楚是实力雄厚的大国，而莒是个小国，萧是个更弱的附庸国，龙不过是边境的一个小城，在它们受到攻击的时候，幸亏能擒获对方的人，强敌许诺只要不杀人质就可以退兵，可是萧国、莒国、龙却不考虑自己的力量，以致结怨大国，自取灭亡，真是失策。相传子产特别擅长治理小国，如果子产遇到这种情况，一定能够妥善处理的。

田横吕布

原文

田横既败，窜居海岛中。高帝遣使召之，曰：“横来，大者王，小者乃侯耳。”横遂与二客诣雒阳。将至，谓客曰：“横始与汉王俱南面称孤，今汉王为天子，而横乃为亡虏，北面事之，其愧固已甚矣！”即自刭①。横不顾王侯之爵，视死如归，故汉祖流涕称其贤，班固以为雄材。韩退之道出其墓下，为文以吊曰：“自古死者非一，夫子至今有耿光。”其英烈凛然，至今犹有生气也。吕布为曹操所缚，将死之际，乃语操曰：“明公之所患，不过于布，今已服矣。令布将骑，明公将步，天下不足定也。”操竟杀之。布之材未必在横下，而欲忍耻事仇。故东坡诗曰：“犹胜白门穷吕布，欲将鞍马事曹瞒。”盖笑之也。刘守光以燕败，为晋王所擒，既知不免，犹呼曰：“王将复唐室以成霸业，何不赦臣使自效？”此又庸奴下才，无足责者。

注释

① 自刭：用刀自割其颈，自杀。自刎的另一种说法。

译 文

田横兵败之后，逃窜到了海岛上。高祖刘邦派人去招降，说：“田横如果来，说大点可以封他为王，再小也可以封他为侯。”田横于是带着两位门客前往洛阳拜见。快要到达的时候，田横对门客说：“我过去和刘邦都是王侯，现在他当了天子，而我却成了亡国奴，要我向他叩头称臣，是让我感到羞愧的事！”于是拔剑自杀了。田横不欣慕王侯之爵位，视死如归，所以汉高祖流泪称赞他的贤良，班固则认为田横是个“雄才”。韩愈路过田横墓时，写文悼念田横：“自古以来死去的人并非只有一个，先生至今还有光辉。”田横英烈凛然的气节，至今还有生气。三国时，吕布被曹操活捉，将要被处死的时候，他对曹操说：“您所惧怕的，不过就是我吕布罢了，现在我已降服于您。如果让我为您统领骑兵，您统领步兵，那么天下就不愁平定了。”但曹操还是把他杀了。吕布的勇武未必在田横之下，可是他却打算忍受屈辱投靠仇敌。因此，苏东坡写诗说：“犹胜白门穷吕布，欲将鞍马事曹瞒。”大概是用来嘲笑吕布的。五代时后梁的刘守光自称燕帝，后来被晋王石敬瑭擒获。刘守光自知不能活命了，还哀求石敬瑭说：“大王想恢复唐朝以成就霸业，为什么不能赦免我的罪过，让我为你立功呢？”这又是个庸碌无行的小人，不值得责备。

相六畜

原 文

《庄子》载徐无鬼见魏武侯，告之以相狗、马。《荀子》论坚白同异[①]云："曾不如好相鸡、狗之可以为名也。"《史记》褚先生于《日者传》后云："黄直，丈夫也，陈君夫，妇人也，以相马立名天下。留长孺以相彘立名。荥阳褚氏以相牛立名。皆有高世绝人之风。"今时相马者间有之，相牛者殆绝，所谓鸡、狗、彘者，不复闻之矣。刘向《七略·相六畜》三十八卷，谓骨法之度数，今无一存。

注 释

① 坚白同异：指战国时名家公孙龙的"离坚白"和惠施的"合同异"之说。

译 文

《庄子》记载徐无鬼去拜见魏武侯，告诉他一些相狗相马的方法。《荀子》里论述"坚白同异"时也说过："还不如善于相鸡、相狗的那些更容易扬名于世呢！”《史记·日者列传》后边褚少孙先生说：“黄直是个男子，陈君夫是个妇人，都以擅长相马而扬名天下。留长孺因擅于相猪而出名。荥阳褚氏以擅于相牛著称。这些人都有超于常俗的风范。”现在，会相马的人有时还能见到，会相牛的人则几乎绝迹了，至于那些相鸡、相狗、相猪的人，很久没有听说过了。汉朝刘向编著的《七略》中，著录有《相六畜》三十八卷，讲究骨法的度数，全部都丢失了。

汉唐二武

原 文

东坡云："古之君子，必忧治世而危明主，明主有绝人之资，而治世无可畏之防。"美哉斯言！汉之武帝，唐之武后，不可谓不明，而巫蛊之祸，罗织之狱，天下涂炭，后妃公卿，交臂就戮，后世闻二武之名，则憎恶之。蔡確[①]作诗，用郝甑山[②]上元间事，宣仁谓以吾比武后；苏辙用武帝奢侈穷兵虚耗海内为谏疏，哲宗谓至引汉武上方先朝。皆以之得罪。人君之立政，可不监[③]兹！

注 释

① 蔡確：字持正（1037—1093），泉州郡城人，宋臣。举仁宗嘉祐四年（1059）进士，调州司理参军。

② 郝甑山：安州人，唐高宗时的忠直之士。唐高宗曾想让位给皇后武则天，郝甑山上奏反对。

③ 监：通“鉴”，警戒，教训。

译 文

苏东坡说：“古代的君子必定为治理天下担忧，为英明的君主担心，明君有过人的资质，但治理天下就应有所防备。”这句话说得真好啊！汉朝的汉武帝，唐朝的武则天，不能说不贤明，但巫蛊之祸和罗织之狱盛行，生灵涂炭，后妃和王公大臣常因一点小事就惨遭杀戮，后世的人听到二武之名就非常憎恶。蔡確写了一首诗，说的是郝甑山正月十五元宵节的事，高太后就认为蔡確把自己比作武则天；苏辙用汉武帝奢侈豪华追求享受、用尽全部兵力发动战争、消耗府库使国家衰弱这些事实作为规劝皇帝使之改正错误的奏议，宋哲宗赵煦就认为苏辙引用汉武帝把他与前朝相比。蔡、苏二人都因此而被判了罪。君主治理天下，应以此为鉴!

盗贼怨官吏

原 文

陈胜初起兵，诸郡县苦秦吏暴，争杀其长吏以应胜。晋安帝时，孙恩乱东土，所至醢[①]诸县令以食[②]其妻子，不肯食者辄支解[③]之。隋大业末，群盗蜂起，得隋官及士族子弟皆杀之。黄巢陷京师，其徒各出大掠，杀人满街，巢不能禁，尤憎官吏，得者皆杀之。宣和中，方腊为乱，陷数州，凡得官吏，必断脔支体，探其肺肠，或熬以膏油，丛镝乱射，备尽楚毒[④]，以偿怨心。杭卒陈通为逆，每获一命官，亦即枭斩。岂非贪残者为吏，倚势虐民，比屋抱恨，思一有所出久矣，故乘时肆志，人自为怒乎？

注 释

① 醢：古代酷刑，将人剁成肉酱。《礼记·檀弓上》："孔子哭子路于中庭，有人吊者，而夫子拜之。既哭，进使者而问故，使者曰：'醢之矣。'"

② 食：拿东西给人吃。《诗·小雅·绵蛮》："饮之食之，教之诲之。"

③ 支解：古代碎裂肢体的一种酷刑。

④ 楚毒：指残酷。

译 文

陈胜刚起兵时，各郡县痛恨秦朝官吏暴虐，争着杀死执政官吏去响应陈胜。晋安帝时，孙恩在东方作乱，所到之处把各县令剁成肉酱让他的妻儿吃，不肯吃的常被肢解。隋代大业末年，盗贼蜂起，他们一旦抓住隋朝官员和士族子弟都杀掉。黄巢攻陷长安，他的部下都出去抢掠，并满街杀人，黄巢无法禁止，他们尤其痛恨官吏，抓住的官吏都杀死。宣和年间，方腊作乱，攻陷几个州，只要抓住官吏，必定要斩断四肢，挖去肝肠，或者油煎、箭射，他们用尽各种酷刑来折磨这些被抓的官吏，以满足他们的暴戾之心。杭州士兵陈通叛乱，每抓到一个官员，立即杀死。岂不是因为贪污残暴的官吏，仗势欺压百姓以致家家怨恨，大家寻求报复的机会由来已久，所以趁机纵情肆意杀戮，人人对其有怒气吗？

朱温三事

原 文

义理所在，虽盗贼凶悖之人，亦有不能违者。刘仁恭为卢龙节度使，其子守文守沧州，朱全忠引兵攻之，城中食尽，使人说以早降。守文应之曰："仆于幽州，父子也，梁王方以大义服天下，若子叛父而来，将安用之？"全忠愧其辞直，为之缓攻。其后还师，悉焚诸营资粮，在舟中者凿而沉之。守文遗全忠书曰："城中数万口，不食数月矣，与其焚之为烟，沉之为泥，愿乞其所余以救之。"全忠为之留数囷，沧人赖以济。及篡唐之后，苏循及其子楷，自谓有功于梁，当不次[①]擢用[②]。全忠薄其为人，以其为唐鸱枭[③]，卖国求利，勒[④]循致仕[⑤]，斥楷归田里。宋州节度使进瑞麦[⑥]，省之不怿[⑦]，曰："宋州今年水灾，百姓不足，何用此为？"遣中使[⑧]诘责之，县令除名[⑨]。此三事，在他人为不足道，于全忠则为可书矣，所谓憎而知其善也。

注 释

① 不次：不依寻常次序。犹言超擢、破格。《汉书·东方朔传》："武帝初即位，徵天下举方正贤良文学材力之士，待以不次

之位。”

② 擢用：选拔任用。《后汉书·张酺传》：“下车擢用义勇，搏击豪彊。”

③ 鸱枭：鸟名，俗称猫头鹰，常用以比喻贪恶之人。《诗·豳风·鸱鸮》：“鸱鸮鸱鸮，既取我子，无毁我室。”

④ 勒：强制，强迫。

⑤ 致仕：辞去官职。

⑥ 瑞麦：一株多穗或异株同穗之麦。古代以为吉祥之兆。

⑦ 不怿：不悦；怿，欢愉。

⑧ 中使：宫中派出的使者，多指宦官。

⑨ 除名：除去名籍，取消原有身份。《三国志·魏志·华陀传》：“军吏梅平得病，除名还家。”

译文

只要有道义存在，就算是盗贼和凶恶悖逆的人，也有无法违背的时候。刘仁恭当卢龙节度使，他的儿子刘守文镇守沧州，朱全忠（朱温）领兵来攻城，城中粮食吃完了，朱全忠派人劝说他早点投降。刘守文回答说：“我与幽州（刘仁恭）是父子关系，梁王（朱全忠）正要以大义服天下，如果儿子叛父而来投降，你该如何任用他呢？”朱全忠听到他直诚的话感到很惭愧，因此放缓进攻。他后来退兵，把各营粮食烧掉，把船凿沉让船中的粮食和船一起沉入水底。刘守文给朱全忠的信中写道：“城中几万人，几个月都紧缺粮食，你与其把粮食烧成烟，沉入水中烂成泥，不如您发发善心用剩下的粮食来救济一下城中的百姓。”朱全忠就留下了几座粮仓，沧州人因此得救。在朱全忠篡唐后，苏循和他的儿子苏楷，自以为对后梁有功，应该被提升重用。而朱温却看不起他们父子的人品，认为他们是奸恶之人，卖国求荣，便勒令苏循辞官，罢斥苏楷回乡。宋州节度使进献象征祥瑞的麦子，朱全忠看后很不高兴，说：“宋州今年发洪水，百姓粮食都不够吃，你又何必进献瑞麦？”朱全忠派使者责备他，并把县令撤职。这三件事对别人来说不值得一提，但对朱全忠来说，就值得大书特书了，这就是即便憎恶他，也要看到他慈善的一面。

周亚夫

原 文

汉景帝即位三年，七国同日反，吴王至称东帝，天下震动。周亚夫一出即平之，功亦不细矣，而讫死于非罪。景帝虽未为仁君，然亦非好杀卿大夫者，何独至亚夫而忍为之？窃尝原其说，亚夫之为人，班、马虽不明言，然必悻直[1]行行[2]者。方其将屯细柳，只以备胡，且近在长安数十里间，非若出临边塞，与敌对垒，有呼吸不可测知之事。今天子劳军至，不得入，及遣使持节诏之，始开壁门。又使不得驱驰，以军礼见，自言介胄之士不拜。天子改容称谢，然后去。是乃王旅万骑，乘舆黄屋，顾制命于将帅，岂人臣之礼哉！则其傲睨帝尊，习与性成，故赐食不设箸，有不平之意。鞅鞅[3]非少主臣，必已见于辞气之间，以是陨命[4]，甚可惜也！秦王猛伐燕围邺，苻坚自长安赴之。至安阳，猛潜谒坚，坚曰："昔周亚夫不迎汉文帝，今将军临敌而弃军，何也？"猛曰："亚夫前却人主以求名，臣窃少[5]之。"猛之识虑，视[6]亚夫有间[7]矣。

注释

① 悻直：刚愎，固执。《明史·郭子兴传》："子兴为人枭悍善斗，而性悻直少容。"

② 行行：刚强的样子。《论语·先进》："子路，行行如也；冉有、子贡，侃侃如也。子乐。"

③ 鞅鞅：因不平或不满而郁郁不乐。鞅，通"怏"。《汉书·高帝纪下》："北面为臣，心常鞅鞅。"颜师古注："鞅鞅，不满足也。"

④ 陨命：丧失生命。

⑤ 少：轻视，鄙视。《史记·苏秦列传》："显王左右素知秦，皆少之。"司马贞索隐引刘氏云："少，谓轻之也。"

⑥ 视：比较。《吕氏春秋·仲秋》："量小大，视长短，皆中度。"

⑦ 有间：有区别。《庄子·天地》："桀跖与曾史，行义有间矣，然其失性均也。"

译文

汉景帝刘启即位后的第三年（公元前178），吴、楚、赵、胶东、胶西、济南、淄川七国同时起兵叛乱，吴王甚至自称东帝，全国为之震动。周亚夫出师不久，就平定了叛乱，功劳可谓不小，然而最终却死于非罪。景帝虽然说不上是仁慈之君，但也并非是喜欢杀戮大夫的君王，为什么偏偏忍心杀周亚夫呢？我曾私下探究过此事，周亚夫的为人，司马迁的《史记》和班固的《汉书》虽然没有明确记载，但他必定是个刚愎自用的人。汉文帝时，周亚夫率兵驻守细柳（今陕西咸阳西南），只是为了防备匈奴侵犯，况且细柳和京城长安相距仅仅几十里地，完全不同于边疆要塞那样与敌人对阵，军情会瞬间变化。文帝亲自到细柳慰劳军队时，守军却不让他进营门，文帝派遣使者手持符节并下诏书，周亚夫才命令打开营门。周亚夫又不许文帝一行在军营里快马驰骋，并按军中礼节和文帝见面，自称穿甲戴盔的军人不行跪拜之礼。汉文帝见状，脸色不悦，回礼后就离开了。在千军万马之前，皇帝受制于手下的将帅，这哪里是臣子之礼呢！周亚夫高傲自负目无君主习以成性，所以景帝赐给他食物而没有摆放筷子，他就流露出不满。周亚夫对皇帝的不满表现在言辞之中，因此得罪了景帝丢了性命，多么可惜啊。前秦大将王猛率兵攻讨前燕，并围困前燕都城邺（今河北临漳），苻坚从长安（今陕西西安）来到前线。当走到安阳（今河南安阳）时，王猛秘密地拜见苻坚，苻坚说：“昔日周亚夫不迎接文帝，现在将军你却临敌而弃军，为什么呢？”王猛说：“周亚夫不迎接皇帝是沽名钓誉，我其实很看不起他。”王猛的见识和思虑，与周亚夫比大为不同啊。

女子夜绩

原 文

《汉·食货志》云："冬，民既入，妇人相从夜绩，女工[1]一月得四十五日。"谓一月之中，又得半夜，为四十五日也。必相从者，所以省费燎火，同巧拙而合习俗也。《战国策》甘茂亡秦出关，遇苏代，曰："江上之贫女，与富人女会绩而无烛，处女相与语，欲去之。女曰，妾以无烛故，常先至扫室布席，何爱余明之照四壁者？幸以赐妾。"以是知三代之时，民风和厚勤朴如此，非独女子也，男子亦然。《豳风》"昼尔于茅，宵尔索绹"，言昼日往取茅归，夜作绹索，以待时用也，夜者日之余，其为益多矣。

注释

① 女工：指女子所做纺织、刺绣、缝纫等事。

译文

《汉书·食货志》上记载："到了冬天农闲时，老百姓都待在家里，晚上妇女们聚集在一起纺麻织布，这样一个月便可以做四十五天的活计。"一个月中，每天多出半夜，所以是四十五天。妇女们聚集在一起做工，可以节省灯火，相互取长补短，积久成俗。《战国策》记载，甘茂逃离秦国，出关中遇到了苏代，他对苏代说："江上的一个贫家女子和富家女子一起织布，贫家女子没有灯烛，一起织布的女子们一起商量，想赶走她。贫家女说：'我因为没有灯，所以常常先到这里打扫房屋，布设坐席，你们何必吝啬照在四周墙壁上的余光呢？你们把多余的光亮奖赏给我吧。'"从这可知夏、商、周三代时期，民风是如此的淳厚、勤朴，不但妇人如此，男子也是一样。《诗经·豳风》中说，"昼尔于茅，宵尔索绹"，说男子白天上山采集茅草，晚上把茅草搓成绳子，以备不时之需。夜晚作为白天的延续，它有很多益处啊。

萧何绐韩信

原 文

黥布为其臣贲赫告反，高祖以语萧相国，相国曰："布不宜有此，恐仇怨妄诬之，请系赫，使人微验①淮南。"布遂反。韩信为人告反，吕后欲召，恐其不就，乃与萧相国谋，诈令人称陈豨已破，绐②信曰："虽病，强③入贺。"信入，即被诛。信之为大将军，实萧何所荐，今其死也，又出其谋，故俚语有"成也萧何，败也萧何"之语。何尚能救黥布，而翻忍于信如此？岂非以高祖出征，吕后居内，而急变从中起，已为留守，故不得不亟诛之，非如布之事尚在疑似之域也。

注 释

① 微验：暗中侦查。《资治通鉴·汉纪四》："请系赫，使人微验淮南王。"

② 绐：古同"诒"，欺骗，欺诈。《穀梁传·僖公元年》："此其言获，何也？恶公子之绐。"

③ 强：勉强。

译文

黥布被他的部下贲赫控告谋反，高祖刘邦把这件事告诉了相国萧何，萧何说：“黥布应该不会做这种事，这恐怕是仇家造谣诬陷，请皇上先把贲赫拘押起来，然后派人暗中到淮南查访验证。”黥布于是起兵反叛。韩信被人控告想要谋反，吕后想召他回京师，又担心他不就范，就和萧何商量计策，派人谎称陈豨之叛已平定，并欺骗韩信说：“你就算有病，也要挣扎着前来祝贺。”韩信一到京师，就被吕后杀死了。韩信能够做到大将军，实际上是萧何推荐的结果，现在韩信被杀，又是萧何出的计谋，所以俚语说“成也萧何，败也萧何”。萧何尚且能够救黥布，为什么这样对待韩信呢？难道是因为汉高祖刘邦出征，吕后在朝留守，紧急变故突然发生，萧何身为留守大臣，所以不得不立即杀韩信，不像黥布的事情还处于不分明的阶段，还可以缓一缓。

彭越无罪

原 文

韩信、英布、彭越皆以谋反诛夷。信乘高祖自将征陈豨之时，欲诈赦诸官徒，发兵袭吕后、太子。布见汉使验问，即发兵东取荆，西击楚，对高祖言欲为帝，其为反逆已明。唯越但以称病不亲诣邯郸之故，上既赦以为庶人，而吕后令人告越复谋反，遂及祸。三人之事，越独为冤。且扈辄劝越反，越不听，有司以越不诛辄为反形已具。然则贯高欲杀高祖，张敖不从，其事等耳，乃以为不知状，而敖得释，何也？乐说告信，贲赫告布，皆得封列侯。而梁太仆告越不论赏，岂非汉朝亦知其故耶？栾布为越大夫，使于齐而越死，还，奏事越头下，上召骂布，欲烹之，布谓越反形未见，而帝以苛细[①]诛之。上乃释布，拜为都尉。然则高祖于用刑，为有负于越矣，伤哉！

注 释

① 苛细：要求严格且琐碎。《汉书·栾布传》："彭王病不行，而疑以为反，反形未见，以苛细诛之，臣恐功臣人人自

危也。”

译文

韩信、英布、彭越都因谋反被诛杀灭族。韩信趁高祖出征讨伐陈豨的时机，想假称朝廷命令赦免各官府服刑囚徒，发兵攻袭吕后、太子。英布见朝廷派使臣考查自己，就发兵向东攻取荆地，向西攻讨楚地，并对高祖说自己想做皇帝，他的反叛行为已经很明显了。只有彭越仅仅因为说自己有病，不能亲自到邯郸参加平定陈豨之乱，就被高祖贬为平民。后来吕后又指派人诬告彭越想谋反，于是彭越获罪。韩信、英布、彭越三人谋反之事，只有彭越是冤枉的。而且扈辄劝彭越谋反，彭越不听，有司官员因为彭越不杀劝说他谋反的扈辄，就认为彭越谋反的动机已经具备。那么这就和贯高想谋杀高祖，而张敖却不同意一样，但张敖因为自己不知道贯高想谋杀刘邦而被无罪释放，彭越却被杀掉了，这是为什么呢？乐说告发韩信，贲赫告发英布，都被封为列侯。而梁国太仆告发彭越却得不到封赏，难道汉朝也知道其中缘故吗？栾布是彭越的大夫，奉命出使齐地，返回时彭越已被杀，但他还是对着彭越的尸首向他汇报了出使情况。高祖得知此事，召来栾布大骂一顿，想判处栾布烹煮之刑。栾布说彭越并没有谋反的迹象，但朝廷却残酷地杀害了彭越。于是高祖释放了栾布，并任命他为都尉。可见高祖在刑罚上认为有负于彭越，这真是令人悲伤啊！

蜘蛛结罔

原 文

佛经云："蠢动含灵，皆有佛性。"《庄子》云："惟虫能虫，惟虫能天。"盖虽昆虫之微，天机所运，其善巧方便，有非人智虑技解所可及者。蚕之作茧，蜘蛛之结罔，蜂之累房，燕之营巢，蚁之筑垤[①]，螟蛉之祝子之类是已。虽然，亦各有幸不幸存乎其间。蛛之结罔也，布丝引经，捷急上下，其始为甚难。至于纬而织之，转盼可就，疏密分寸，未尝不齐。门槛及花梢竹间，则不终日，必为人与风所败。唯闲屋垝垣，人迹罕至，乃可久久而享其安。故燕巢幕上，季子以为至危。李斯见吏舍厕中鼠食不絜，近人犬，数惊恐之，仓中之鼠食积粟，居大庑之下，不见人犬之忧，叹曰："人之贤不肖，譬如鼠矣，在所自处耳！"岂不信哉？

注 释

① 垤：蚁冢。蚂蚁做窝时堆积在洞口周匝的浮土。《诗·豳风·东山》："鹳鸣于垤，妇叹于室。"

译文

佛经上说：“一切众生，都是有佛性的。”《庄子》说：“惟无知如虫，才能过营虫的生活；惟无知如虫，才能任其天然。”意思是说，虽然虫很微小，但也和天机有联系，它们的巧妙便利，有着人类的智慧和技能所比不上的地方，蚕作茧、蜘蛛织网、蜜蜂垒房、燕子筑巢、蚂蚁筑蚁丘、螟蛉养子等都是。即使这样，它们中也有幸和不幸。蜘蛛织网，布蛛丝引经线，敏捷急促地上下爬动，开始的时候非常艰难。到了织纬线时，转眼间就织好了，而且疏密很有分寸，没有不整齐的。织在门槛和花木、竹林之间的，往往不到一天必定就被人或风破坏了。只有织在闲置屋子里或是残垣断壁之间，人迹罕至的地方，才可以长时间地享受其中的安乐。所以，燕子在帷幕上筑巢，苏秦（季子）认为这样最危险。李斯看见衙门的厕所中老鼠吃不干净食物，人和狗接近时，它还会惊慌害怕，粮仓中的老鼠吃粮仓中积存的粮食，住在大房子下面，人和狗接近时不见它露出害怕的样子，李斯由此感叹地说：“人贤能还是不贤能，就像这老鼠一样，在于它所处的位置不同啊！”难道不是这样吗?

深沟高垒

原 文

韩信伐赵，赵陈馀聚兵井陉口御之。李左车说馀曰："信乘胜而去国远斗，其锋不可当。愿假奇兵从间道绝其辎重，而深沟高垒勿与战。彼前不得斗，退不得还，不至十日，信之头可致麾下。"馀不听，一战成禽。七国反，周亚夫将兵往击，会兵荥阳，邓都尉曰："吴、楚兵锐甚，难与争锋。愿以梁委之，而东北壁昌邑，深沟高垒，使轻兵塞其馕道，以全制其极。"亚夫从之，吴果败亡。李、邓之策一也，而用与不用则异耳。秦军武安西，以攻阏与[①]。赵奢救之，去邯郸三十里，坚壁，二十八日不行，复益增垒。既乃卷甲[②]而趋之，大破秦军。奢之将略，所谓玩敌于股掌之上，虽未合战而胜形已著矣。前所云邓都尉者，亚夫故父绛侯客也。《晁错传》云："错已死，谒者仆射邓公为校尉，击吴、楚为将。还，上书言军事，拜为城阳中尉。"邓公者，岂非邓都尉乎？《亚夫传》以为此策乃自请而后行，颜师古疑其不同，然以事料之，必非出于己也。

注 释

① 阏与：地名。战国时韩邑，后属赵。在今山西省和顺县西北。《史记·廉颇蔺相如列传》："秦伐韩，军于阏与。"

② 卷甲：收起武装。谓撤退或休兵。

译 文

韩信讨伐赵国，赵国的陈馀在井陉口集结兵力抵御。李左车游说陈馀说："韩信趁着战胜的威势离开本国劳师远征，他的兵锋不可抵挡。请给我一支奇兵，我带兵从偏路去断绝他的辎重通道，而您挖深沟筑高墙但不可与他交战。他向前不能交战，退又回不去，不到十天，韩信的头颅就可以送到将军面前了。"陈馀不听，只一战就被韩信擒获。七个诸侯国造反，周亚夫率兵前往讨伐，两军在荥阳会兵，邓都尉说："吴国和楚国的兵锋很盛，难以和他们争胜负。请求先让他们攻打梁国，而我军向东北去驻守昌邑，挖掘壕沟高筑壁垒，派轻装的军队阻断他们运粮的道路，用全盛之气来制服他们极度疲劳的军队。"周亚夫依从了他，吴国果然败亡。李左车、邓都尉的计策是一样的，然而用和不用则结果不同。秦国军队驻在武安的西面，来进攻阏与。赵奢去援救阏与，离开邯郸三十里，就坚守壁垒，二十八天没有行动，又继续增加壁垒。后来

又卷起铠甲奔赴作战，击溃了秦军。赵奢为将的谋略，所谓玩弄敌人于股掌之中，虽然没有与敌军交战而战胜敌军的形势已经显露出来了。前面所说的邓都尉就是周亚夫的父亲绛侯周勃生前的门客。《晁错传》说："晁错死了以后，谒者仆射邓公任校尉，在平定吴楚七国之乱中任为将军。他返回京师后，上书论述军事，升为城阳中尉。"这里所说的邓公，岂不是邓都尉吗？《周亚夫传》中以为这一策略是周亚夫自己提出来而后实行的。颜师古对于此说表示怀疑。然而，从当时的实际情况来看，这一策略未必不是出自周亚夫本人。

汉景帝

原 文

汉景帝为人，甚有可议。晁错为内史，门东出，不便，更穿一门南出，南出者，太上皇庙堧垣[①]也。丞相申屠嘉闻错穿宗庙垣，为奏请诛错。错恐，夜入宫上谒，自归。上至朝，嘉请诛错。上曰："错所穿非真庙垣，乃外堧垣，且又我使为之，错无罪。"临江王荣以皇太子废为王，坐侵太宗庙壖地为宫，诣中尉府对簿[②]责讯[③]，王遂自杀。两者均为侵宗庙，荣以废黜失宠，至于杀之，错方贵幸，故略不问罪，其不公不慈如此！及用袁盎一言，错即夷族，其寡恩忍杀复如此。

注 释

① 堧垣：宫外的矮墙。《史记·五宗世家》："四年，坐侵庙壖垣为宫，上徵荣。"

② 对簿：受审。《史记·李将军列传》："大将军使长史急责广之幕府对簿。"

③ 责讯：追究讯问。《史记·五宗世家》："中尉郅都责讯

王，王恐，自杀。”

译 文

汉景帝的为人，有许多让人有争议的地方。晁错任内史时，门从东边走，不方便，于是另开一门从南边出入，从南门出来，就是太上皇的宗庙院墙。丞相申屠嘉听说晁错穿往宗庙的围墙，就启奏景帝诛杀晁错。晁错心中非常害怕，连夜入宫拜谒皇帝，然后独自回来。皇上临朝，申屠嘉又请求诛杀晁错。景帝说：“晁错所凿穿的地方并非真正的宗庙院墙，而是外墙，况且又是我同意他做的，晁错没有罪。”临江王刘荣以前是皇太子，被废后成了王，他在太宗庙外围的空地上建造宫殿，景帝知道后便命他到中尉府接受审讯，临江王就忧惧自杀了。这两件事都是侵犯宗庙的地，刘荣因为被废黜失宠而造成了自杀的结局，晁错刚刚显贵受宠，于是不问罪，景帝不公正不仁慈到了这样的地步！后来因为袁盎的一句话，景帝便把晁家灭族，景帝少恩残忍就是这样！

萧何先见

原 文

韩信从项梁，居戏下[1]，无所知名。又属羽，数以策干[2]羽，羽弗用，乃亡归汉。陈平事项羽，羽使击降河内，已而汉攻下之。羽怒，将诛定河内者。平惧诛，乃降汉。信与平固能择所从，然不若萧何之先见。何为泗水卒史事第一。秦御史欲入言召何，何固请，得毋行。则当秦之未亡，已知其不能久矣，不待献策弗用，及惧罪且诛，然后去之也。

注 释

① 戏下：在主帅的旌麾之下，引申为部下。戏，通“麾”。《史记·淮阴侯列传》：“及项梁渡淮，信杖剑从之，居戏下，无所知名。”

② 干：干谒。

译 文

韩信跟随项梁时，只是一个部下，没有多少人知道他。后来

又投奔项羽，几次向项羽献策，项羽都没有听从，于是他就逃跑投奔了汉。陈平侍奉项羽，项羽派他率兵进攻河内（今河南沁阳），不久汉攻占了河内。项羽大怒，打算诛杀平定河内的人。陈平害怕被杀，于是投降了汉。韩信和陈平固然也算是善于选择何去何从的人，但都比不上萧何有先见之明。萧何在担任泗水郡卒史事时，政绩为第一。秦朝的御史打算向皇帝进言召见萧何，萧何坚决请辞，这件事才没有实施。当时秦朝还没有灭亡，他已经知道它不会长久了，不必等到献策不被采纳，或者有罪将要被杀头时才逃离。

曹参不荐士

原 文

曹参代萧何为汉相国，日夜饮酒不事事，自云：“高皇帝与何定天下，法令既明，遵而勿失，不亦可乎！”是则然矣，然以其时考之，承暴秦之后，高帝创业尚浅，日不暇给，岂无一事可关心者哉？其初相齐，闻胶西盖公善治黄、老言，使人厚币请之。盖公为言治道[①]贵清净[②]而民自定。参于是避正堂[③]以舍之，其治要用黄、老术。故相齐九年，齐国安集[④]。然入相汉时，未尝引盖公为助也。齐处士东郭先生、梁石君隐居深山，蒯彻为参客，或谓彻曰：“先生之于曹相国，拾遗举过，显贤进能，二人者，世俗所不及，何不进之于相国乎？”彻以告参，参皆以为上宾。彻善齐人安其生，尝干项羽，羽不能用其策。羽欲封此两人，两人卒不受。凡此数贤，参皆不之用，若非史策失其传，则参不荐士之过多矣。

注 释

① 治道：治理国家的方针、政策、措施等。

② 清净：简明不繁。

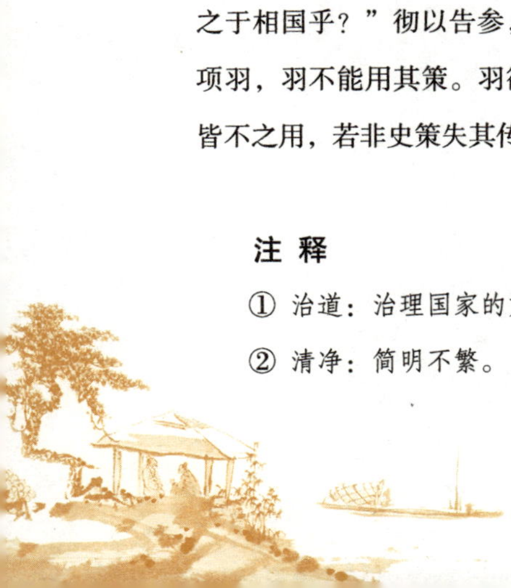

③ 正堂：听政大堂。《后汉书·章帝纪》："癸酉，还幸元氏，祠光武显宗于县舍正堂。"

④ 安集：安定和睦。

译文

曹参替代萧何做汉朝的丞相，日夜喝酒不管政事，还说："高祖皇帝和萧何平定了天下，法令既已明确，只要遵照执行而不违失，不就可以了吗？"这的确如此，但以当时情形来考察他的行事，汉代承接暴虐的秦代之后，高祖创业时间还不长，每天应处理的政事特别多，难道他作为丞相就没有一件要关心的事吗？曹参刚做齐国的宰相，听到胶西盖公特别精通黄帝、老子的学说，就叫人带着厚礼去请他。盖公对他说，将治政的道理归于清净而百姓自然得到安定。曹参于是自己迁出听政大堂来让盖公住下，他治理齐国用的就是黄帝、老子的方法。所以他做齐相的这九年，齐国人安定团结。但当他入汉朝为相时，并没有引荐盖公做自己的助手。齐国隐士东郭先生、梁石君二人隐居深山，蒯彻是曹参的宾客，有人游说蒯彻说："先生与曹相国关系很好，能够为他指出思虑欠周之处及所犯的过失，并能向他推荐德才兼备的人才，这两位隐士都是世俗人所不能企及的，您为什么不把他们推荐给曹相国呢？"蒯彻把他们举荐给了曹参，曹参把二人都当作上等宾客对待。蒯彻和齐国人安其生关系很好，他们曾经一起参见项羽，项羽不能采用他们的计策。后来项羽想封赏蒯彻和安其生，两人最终没有接受。这几位贤士，曹参都没有任用，如果史书记载无误的话，那曹参不举荐士人的过失就太严重了。

民不畏死

原 文

老子曰："民常不畏死，奈何以死惧之？若使人常畏死，则为奇者吾得执而杀之，孰敢？"读者至此，多以为老氏好杀。夫老氏岂好杀者哉！旨意盖以戒时君、世主视民为至愚、至贱，轻尽其命，若刈草菅，使之知民情状，人人能与我为敌国，懔乎常有朽索驭六马之惧。故继之曰："常有司杀者杀。夫代司杀者杀，是代大匠斲。夫代大匠斲，希有不伤其手矣。"下篇又曰："人之轻死，以其生生之厚，是以轻死。"且人情莫不欲寿，虽衰贫至骨，濒于饿隶，其与受僇而死有间矣，乌有不畏者哉？自古以来，时运俶扰，至于空天下而为盗贼，及夷考其故，乱之始生，民未尝有不靖[1]之心也。秦、汉、隋、唐之末，土崩鱼烂，比屋可诛。然凶暴如王仙芝、黄巢，不过侥觊[2]一官而已，使君相御之得其道，岂复有滔天之患哉！龚遂之清渤海，冯异之定关中，高仁厚之平蜀盗，王先成之说王宗侃，民情可见。世之君子，能深味老氏之训，思过半矣。

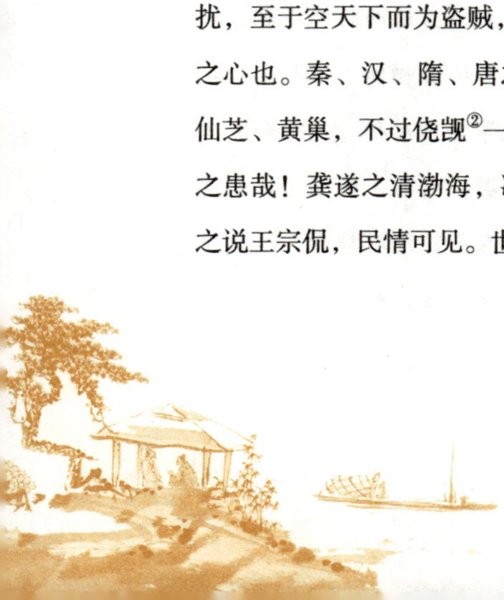

注 释

① 不靖：不安宁；骚乱。

② 侥觊：侥幸觊觎。指以侥幸的心理追求得到某种利益。

译 文

老子说："老百姓常常不怕死，为什么用死来吓唬他们呢？如果真能使老百姓畏惧死亡,那我们就可以把作奸犯科的人抓起来杀掉，这样还有谁敢作奸犯科呢？"读到这里，多数人都会认为老子是个残忍好杀的人。老子哪里是喜好杀人的人呢？他的本意只不过是想告诫当时的君主和统治者们，不要把老百姓视为最愚蠢、最卑贱的人，也不要轻视他们的生命，更不能像斩除杂草一样随意地处死百姓。老子希望君主们能全面了解老百姓的真实情况，明白每一个人都可能像敌对国家一样对自己构成严重的威胁，因而时刻提心吊胆，高度警惕，像用腐朽的绳索套着六匹马拉着一辆车那样惊惧。所以他接着说道："经常有专管杀人的去杀人，那代替专管杀人的去杀人，就好比是代替高明的木匠去砍木头。那代替高明的木匠去砍木头的人，很少有不砍伤自己手的。"这里的"常有司杀者"老子在下一篇中又说道："老百姓之所以轻率地不惜生命去冒险，是因为统治者拼命地想使自己生活得更加舒适，以致逼得百姓不惜生命去冒险。"况且人们没有不希望自己长寿的，即使是穷困潦倒到极点的人，哪怕处境和饥寒交迫的奴隶类似，但是和被杀而死仍然是大不相同的，哪里有不怕死的呢？从古代以来，时局动乱，以至于普天之下的人都成了盗贼，可是仔细探究其中的原因，动乱开始的时候，老百姓并没有不安分的心。秦、汉、隋、唐末期，形势犹如土崩瓦解、鱼腐肉烂，几乎家家有罪、人人可杀，像王仙芝、黄巢这样的暴虐之徒，不过觊觎一个官职而已。如果国君和宰相御下有方，难道还会有滔天之祸吗？西汉龚遂肃清渤海郡（今河北南皮北），东汉冯平定关中，高仁厚镇压蜀地（今四川），王先成劝说王宗侃等事，可以清楚地看出民情。世上的君子（指统治者），如果能够仔细地玩味老子这番话，就可以少犯很多错误。

孙坚起兵

原 文

董卓盗国柄，天下共兴义兵讨之，惟孙坚以长沙太守先至，为卓所惮，独为有功。故裴松之谓其最有忠烈之称。然长沙为荆州属部，受督于刺史王叡。叡先与坚共击零、桂贼，以坚武官，言颇轻之。及叡举兵欲讨卓，坚乃承案行[①]使者，诈檄杀之，以偿曩忿。南阳太守张咨，邻郡二千石也，以军资不具[②]之故，又收[③]斩之。是以区区一郡将，乘一时兵威，辄害方伯、邻守，岂得为勤王[④]乎？刘表在荆州，乃心王室，袁术志于逆乱，坚乃奉其命而攻之，自速其死，皆可议也。

注 释

① 案行：巡视。

② 不具：不齐备，不完备。《墨子·七患》：“此皆备不具之罪也。”

③ 收：拘捕。《诗·大雅·瞻卬》：“此宜无罪，汝反收之。”

④ 勤王：多指君主的统治受到威胁而动摇时，臣子起兵救援王朝。《后汉书·袁绍传》：“乃下诏书于绍，责以地广兵多而专自树党，不闻勤王之师。”

译 文

董卓窃取了国家军政大权，全国各地纷纷起兵讨伐他，只有孙坚以长沙太守的身份率兵先赶到，被董卓所忌惮，独自为国家立下了功勋。所以裴松之称赞他最应当有忠烈之名。然而，长沙是荆州的属郡，理应接受刺史王叡的领导。王叡曾经和孙坚一同镇压零陵（今湖南永州）、桂阳（今湖南郴州）一带的贼寇，他认为孙坚只是一介武夫，就在言语上轻视他。等到王叡兴兵准备讨伐董卓时，孙坚为泄旧愤便假托案行使者的手令用计把他杀死了。南阳太守张咨，是邻郡的二千石官，因为没有为他把军用物资准备齐全，也被孙坚斩了。孙坚只是一个小小的郡将，凭着一时的兵威，竟然迫害死了最高地方长官和邻郡的太守，这难道是为了救援朝廷吗？刘表在荆州，心里维护王室，袁术则一心想犯上作乱，孙坚却奉袁术之命前去攻打刘表，加速了自己的灭亡，这些事都是值得商讨的啊。

贼臣迁都

原 文

自汉以来，贼臣窃国命，将欲移鼎，必先迁都以自便。董卓以山东兵起，谋徙都长安，驱民数百万口，更相蹈藉，悉烧宫庙、官府、居家，二百里内无复鸡犬。高欢自洛阳迁魏于邺，四十万户狼狈就道。朱全忠自长安迁唐于洛，驱徙士民，毁宫室百司，及民间庐舍，长安自是丘墟。卓不旋踵①而死，曹操迎天子都许，卒覆刘氏。魏、唐之祚，竟为高、朱所倾。凶盗设心积虑，由来一揆②也。

注 释

① 旋踵：掉转脚跟，形容时间短促。

② 一揆：一个模样。《孟子·离娄下》："地之相去也，千有余里；世之相后也，千有余岁。得志行乎中国，若合符节，先圣后圣，其揆一也。"

译 文

自从汉朝以来，奸臣窃取国家政权，准备改朝换代，必定迁都以自我方便。董卓因为齐鲁地区起兵讨伐自己，便谋求把东汉的都城从洛阳迁到长安（今陕西西安）。驱赶数百万人口相随，沿路百姓互相踩踏死伤无数，烧毁沿路的宫庙、官府、民宅，以致二百里内没有鸡犬之声。高欢把东魏的都城从洛阳迁到邺城（今河北临漳西南），四十万百姓狼狈上路。朱全忠把唐朝的都城从长安迁到洛阳，驱赶老百姓，毁掉宫殿、官府以及老百姓的房子，长安从此变成了废墟。董卓迁都后不久就被杀，曹操把天子迎到许昌，最后灭掉了刘氏天下。东魏和唐朝的政权，到底还是被高欢、朱全忠颠覆了。凶盗之徒处心积虑，从来都是一样的。

无用之用

原 文

《庄子》云："人皆知有用之用，而莫知无用之用。"又云："知无用，而始可与言用矣。夫地非不广且大也，人之所用，容足耳。然则厕足①而垫之致黄泉，所谓无用之为用也亦明矣。"此义本起于《老子》"三十辐共一毂，当其无，有车之用"一章。《学记》："鼓无当于五声，五声弗得不备；水无当于五色，五色弗得不章。"其理一也。今夫飞者以翼为用，絷其足，则不能飞。走者以足为用，缚其手，则不能走。举场②较艺，所务者才也，而拙钝者亦为之用。战陈角胜，所先者勇也，而老怯③者亦为之用。则有用、无用，若之何而可分别哉？故为国者，其勿以无用待天下之士，则善矣！

注 释

① 厕足：侧足，置足。《庄子·外物》："夫地非不广且大也，人之所用容足耳。然则厕足而垫之致黄泉，人尚有用乎？"

② 举场：科举考场。

③ 老怯：年老怯懦。《晋书·朱伺传》：“廙性矜厉自用，兼以伺老怯难信，遂西行。”

译 文

《庄子》说：“人们只知道有用的好处，哪里知道无用的好处啊。”又说：“知道没有用的道理就可以和你说说有用的理论了。大地不是不够广大，但人只是脚踩一小块地方，这小块地对人是有用的，其余的地再大对人也没有用处。但是，你要把脚下那一小块地之外的土地都往下挖掘，一直挖到黄泉，人的四周成了无边无底的深渊，脚下那小块地方还有用吗？”这种思想本来起源于《老子》“三十根辐条共同组成一个车毂，有了车毂中间的空间，才有了车的作用”一章之中。《学记》记载：“鼓声不在五声之列，没有鼓声，五声就不完备；水色不在五色之列，没有它，五色就不能彰显。”其中的道理是一样的。现在会飞的东西是借用翅膀来达到飞翔的目的的，如果捆住它们的腿，它们就不能飞翔。走路是用脚的，但是捆住双手，他们不能小步快跑。在科场上比试技艺，所注重的是才华，但是笨拙愚钝的人也有用处。在战场上克敌制胜，需要的是勇气和力量，而年老胆怯的人也有用处。那么有用和无用怎么能一概而论呢？所以治理国家的人如果能不以“无用”来看待天下的士人，那就好了！

下第再试

原 文

太宗雍熙二年，已放进士百七十九人，或云："下第中甚有可取者。"乃令复试，又得洪湛等七十六人，而以湛文采遒丽，特升正榜第三。端拱元年，礼部所放程宿第二十八人，进士叶齐打鼓论榜，遂再试，复放三十一人，而诸科因此得官者至于七百。一时待士可谓至矣。然太平兴国末，孟州进士张雨光，以试不合格，纵酒大骂千街衢中，言涉指斥，上怒斩之，同保九辈永不得赴举。恩威并行，至于如此。

译 文

宋太宗雍熙二年（985年），已发榜公布进士一百七十九人，有人说："没有考上的人中还有很多可取的人。"于是，太宗下令再考一次，结果又得到洪湛等七十六人，尤以洪湛文采刚健秀美，皇帝特意将他升为正榜第三名。端拱元年（998年），礼部已发榜公布程宿等二十八人为进士，进士叶齐击鼓议论进士榜，所以再次考试，又有三十一人显露，所以由于这些科目的考试而得官的有七百余人。一时间优待士人的程度可以说极高了。然而在太平兴国末年，孟州（今河南孟州）进士张雨光因为考试不合格，在闹市区狂饮并破口大骂，言辞指责呵斥朝廷，太宗一怒之下把他杀了，并让同保之人九代不许参加科举考试。太宗对士人恩威并用，到了这种程度。

郭令公

原文

唐人功名富贵之盛，未有出郭汾阳之右者。然至其女孙为宪宗正妃，历五朝，母天下，终以不得志于宣宗而死，自是支胄不复振。及本朝庆历四年，访求厥后，仅得裔孙元亨于布衣中，以为永兴军助教。欧阳公知制诰①，行其词曰："继绝世，褒有功，非惟推恩以及远，所以劝天下之为人臣者焉。况尔先王，名载旧史，勋德之厚，宜其流泽于无穷，而其后裔不可以废。往服新命，以荣厥家！"且以二十四考中书令之门，而需一助教以为荣，吁，亦浅矣！乃知世禄不朽，如春秋诸国，至数百年者，后代不易得也。

注释

① 知制诰：掌管起草诰命之意，后用作官名。

译文

唐朝人功名富贵的丰盛，没有能超过汾阳郡王郭子仪的。然而到他的孙女做了唐宪宗的正妃，在宪宗、穆宗、敬宗、文宗、武宗五朝都母仪天下，最终却在宣宗时因为郁郁不得志而死，从此之后郭家宗族的分支再也没有兴盛起来。到了本朝仁宗庆历四年（1044年），探访郭子仪的后代，仅仅在百姓之中找到了他远代子孙郭元亨，便把他任命为永兴军的助教。欧阳修任知制诰，他在制词中写道：“使濒于断绝的家族得以延续，褒奖有功人的后人，并非只是为了向有功之人的后代广布恩泽，而是为了以此勉励天下那些人臣。况且你的祖上名垂青史，功德广大，应当把他的恩泽流传到很久远的后人，所以他的后代是不可被埋没的。你快去接受新的使命，以使你们郭家荣耀！”郭子仪曾任中书令（其地位高于宰相）达二十四年，现在却需要一个助教来光耀家族，唉，这也实在是太浅薄了。由此可知，世袭爵禄要想像春秋时代各国那样延续数百年而不衰落，后代是不容易得到的。

民俗火葬

原 文

自释氏火化之说起，于是死而焚尸者，所在皆然。固有炎暑之际，畏其秽泄，敛不终日，肉未及寒而就爇[①]者矣。鲁夏父弗忌献逆祀之议，展禽曰："必有殃，虽寿而没，不为无殃。"既其葬也，焚烟彻于上，谓已葬而火焚其棺椁也。吴伐楚，其师居麇[②]，楚司马子期将焚之，令尹子西曰："父兄亲暴骨焉，不能收，又焚之，不可。"谓前年楚人与吴战，多死麇中，不可并焚也。卫人掘褚师定子之墓，焚之于平庄之上。燕骑劫围齐即墨，掘人冢墓，烧死人，齐人望见涕位，怒自十倍。王莽作焚如之刑，烧陈良等。则是古人以焚尸为大僇[③]也。列子曰："楚之南有炎人之国，其亲戚死，㱙[④]其肉而弃之，然后埋其骨。秦之西有仪渠之国，其亲戚死，聚柴积而焚之，熏则烟上，谓之登遐[⑤]，然后成为孝子。此上以为政，下以为俗，而未足为异也。"盖是时其风未行于中国，故列子以仪渠为异，至与㱙肉者同言之。

注 释

① 爇：烧，焚烧。《左传·僖公二十八年》：“魏犨、颠颉怒曰：‘劳之不图，报于何有！’爇僖负羁氏。”

② 麋：通“湄”。水边。《诗·小雅·巧言》：“彼何人斯？居河之麋。”

③ 大僇：大耻辱，又作“大戮”。《荀子·王霸》：“而身死国亡，为天下大戮。”

④ 歹：殷敬顺释文：“本作歺，音寡。剔肉也。”

⑤ 登遐：指死者升天而去。《墨子·节葬下》：“秦之西有仪渠之国者，其亲戚死，聚柴薪而焚之，熏上，谓之登遐。”

译 文

自从佛家火化的传说兴起以后，死后焚尸的遍布各地。其中固然有暑热的时候，担心尸体腐烂后的污水流出的原因，所以装殓还不到一天，尸骨未寒就火化了。春秋时期，鲁国的鲁夏父不忌讳颠倒祭祀次序，柳下惠说：“必定会有灾祸的，即使寿终正寝，也不会没有灾祸。”到了下葬之后，焚烧的浓烟升到天空上，应该是葬后棺椁被烧了。吴国讨伐楚国，驻军在麋地，楚国的司马子期准备火烧麋地，令尹子西说：“这是我们父老兄弟的尸骨，不能收葬，现在又将他们焚烧，这样做是不行的。”子西指的是前年楚国和吴国交战，楚军士兵多死在麋中，不可把他们和吴军一起烧掉。卫国人挖掘了褚师定子的坟墓，并且在平庄将他的骸骨烧掉。燕国的骑劫围攻齐国的即墨城，在城外掘了齐国人很多坟墓，并且放火焚烧死人的骨骸，齐国人望见后都痛哭流涕，对燕国仇恨增加。王莽制

定了烧人的刑罚，烧死了陈良等人。古人把焚尸看作是一种莫大的侮辱。列子说："在楚国之南有个炎人国家，在那里人死后，他们的亲戚便把死者的肉剔下来扔掉，然后把骨骼埋葬。在秦国的西边有个仪渠国，这个国家的人死后，亲属就把尸体放在一大堆木柴上烧掉，黑烟升腾，这就是所谓的登仙远去，只有这样做，死者的子女们才能称为孝子。火葬在上已经被统治者作为治国的手段，在下已经被老百姓视为风俗习惯，不足为怪。"大概当时火化的习俗尚未风行于中原地区，所以列子觉得仪渠国的风俗十分奇异，以至于将它同剔肉埋骨一同谈论。

帝王训俭

原文

帝王创业垂统[1]，规以节俭，贻训[2]子孙，必其继世象贤[3]，而后可以循其教，不然，正足取侮笑耳。宋孝武大治宫室，坏高祖所居阴室[4]，于其处起玉烛殿，与群臣观之。床头有土障，上挂葛灯笼、麻蝇拂[5]。侍中袁颢因盛称高祖俭素之德，上不答，独曰："田舍公得此，已为过矣！"唐高力士于太宗陵寝宫，见梳箱一、柞[6]木梳一、黑角篦[7]一、草根刷子一，叹曰："先帝亲正皇极，以致升平，随身服用，唯留此物。将欲传示子孙，永存节俭。"具以奏闻。明皇诣陵，至寝宫，问："所留示者何在？"力士捧跪上，上跪奉，肃敬如不可胜，曰："夜光之珍，垂棘[8]之壁，将何以愈[9]此？"即命史官书之典册。是时，明皇履位未久，厉精为治，故见太宗故物而惕然[10]有感。及侈心一动，穷天下之力不足以副其求，尚何有于此哉？宋孝武不足责也，若齐高帝、周武帝、陈高祖、隋文帝，皆有俭德，而东昏、天元、叔宝、炀帝之淫侈，浮[11]于桀、纣，又不可以语此云。

注释

① 创业垂统：开创基业，传之子孙。《孟子·梁惠王下》："君子创业垂统，为可继也。"

② 贻训：先人留下的训诫。

③ 继世象贤：谓能效法先人的贤德。《书·微子之命》："殷王元子，惟稽古崇德象贤。"

④ 阴室：帝王生前的居室，保留以供阴魂出入，故称。

⑤ 麻蝇拂：用麻做的蝇拂子。

⑥ 柞：常绿灌木或小乔木，生棘刺,叶卵形或长椭圆状卵形，边缘有锯齿，初秋开花，花小，黄白色。

⑦ 篦：一种比梳子密的梳头用具，亦指用篦梳头，剔除发垢。

⑧ 垂棘：春秋晋地名，以产美玉著称，后借指美玉。《左传·僖公二年》："晋荀息请以屈产之乘与垂棘之璧，假道于虞以伐虢。"

⑨ 愈：贤，胜过。《论语·公冶长》："子谓子贡曰：'女与回也孰愈？'"

⑩ 惕然：警觉省悟的样子。

⑪ 浮：超过，多余。《书·泰誓中》："惟受罪浮于桀，剥丧元良，贼虐谏辅。"

译文

帝王开创基业传之子孙，为了使江山稳固就用节俭作为规范，训诫子子孙孙。但是，只有他们的后人贤明时才能做到效法先人的贤德，遵循他们的教诲。如果他们的后人不贤明，这样做只能是自取其辱引来嘲笑罢了。宋孝武帝大建宫室，拆毁了宋高祖临终的那间卧室，准备在那块地上建造玉烛殿。在他和群臣一起观览时发现床头有一个土台，上面挂着葛做的灯笼、麻作的蝇拂。侍中袁颉因而盛赞高祖节俭朴素的美德，孝武帝不答话，只说：“乡下老头儿用这些已经很过分了！”唐代高力士在唐太宗陵墓的寝宫中，见到一只梳头箱子、一个柞木梳子、一个黑牛角篦子、一个草根刷子，慨叹说：“先帝亲自树立了帝王的准则，所以才会天下太平，他随身应用的器物却只留下了这些东西。这是打算传留给子孙观看，让子孙永远保存节俭的美德。”高力士把看到的上奏给皇帝。玄宗看到后马上亲赴太宗陵，到寝宫问太宗所留下的东西在何处。高力士手捧这些东西跪着献给玄宗，玄宗跪拜接受，其恭敬到了无以复加的程度，并且说：“夜光的珍珠，垂荆的美玉，怎么能超过这些呢？”玄宗立即命令史官写在典册上。那时候，唐玄宗即位不久，励精图治，因而见到太宗的遗物后深有感触。等到动了奢侈的念头，穷尽天下的力量也不足以满足他的贪欲，对太宗的遗物还能有什么感想呢？宋孝武帝不值得责备，像齐高帝、周武帝、陈高祖、隋文帝，都有节俭的美德，而东昏侯、天元帝、陈叔宝、隋炀帝的淫乐奢侈，超过了桀、纣，就不必对他们提倡节俭了。

陈涉不可轻

原 文

扬子《法言》："或问陈胜、吴广，曰：'乱。'曰：'不若是则秦不亡。'曰：'亡秦乎？恐秦未亡而先亡矣。'"李轨以为："轻用其身，而要乎非命之运，不足为福先，适足以为祸始。"予谓不然。秦以无道毒天下，六王皆万乘之国，相踵灭亡，岂无孝子慈孙、故家遗俗？皆奉头鼠伏[①]。自张良狙击[②]之外，更无一人敢西向窥其锋者。陈胜出于戍卒，一旦奋发不顾，海内豪杰之士，乃始云合响应，并起而诛之。数月之间，一战失利，不幸陨命于御者之手，身虽已死，其所置遣侯王将相竟亡秦。项氏之起江东，亦矫称陈王之令而度江。秦之社稷为墟，谁之力也？且其称王之初，万事草创，能从陈馀之言，迎孔子之孙鲋为博士，至尊为太师，所与谋议，皆非庸人崛起者可及，此某志岂小小者哉！汉高帝为之置守冢于砀，血食[③]二百年乃绝。子云指以为乱，何邪？若乃杀吴广，诛故人，寡恩忘旧，无帝王之度，此其所以败也。

注释

① 奉头鼠伏：狼狈逃窜的样子。奉，通“捧”。《汉书·蒯通传》：“常山王奉头鼠窜，以归汉王。”

② 狙击：暗中埋伏，伺机袭击。《史记·留侯世家》：“秦皇帝东游，良与客狙击秦皇帝博浪沙中，误中副车。”

③ 血食：谓受享祭品。古代杀牲取血以祭，故称。《左传·庄公六年》：“若不从三臣，抑社稷实不血食，而君焉取余？”

译文

杨雄的《法言》说：“有人问陈胜、吴广是什么样的人，我的回答是：‘乱臣。’又说：‘如果他们不起事，那么残暴的秦朝就不会灭亡。’我说：‘灭亡秦朝吗？恐怕秦朝未灭而他们自己却死了。’”李轨认为：“轻举妄动，不足以带来福分，但足以带来灾难。”我不这样看。秦朝无道荼毒天下，原来的六国都是有万辆战车的大国，却相继被秦所灭，难道这些国家的人都没有孝子贤孙和家族传统吗？为什么都狼狈逃窜呢？除了张良狙击秦始皇之外，竟然没有一个人敢于向秦王朝发出挑战。陈胜只是一个戍守的士卒，一旦奋不顾身地揭竿而起，天下的英雄豪杰才开始云集响应，共同起义讨伐秦国。数月之间，因一战失利，陈胜不幸被车夫庄贾所杀。他虽然死了，但他所任命和派出的王侯将相最终推翻了秦朝。项家在江东起兵后，也是假借陈王的命令而渡过长江的。秦朝的残暴统治被推翻，是谁的功劳呢？而且陈胜开始称王的时候，所有的事情都是草草创立，他却能听从陈馀的建议，迎立孔子的孙子孔鲋为博士，并且尊奉他为太师，他们在一起所商议的事情，绝非平庸

之辈崛起后所能达到的，由此难道还能说陈胜的志向小吗？汉高祖刘邦为他在砀县（今河南永城东北）设置守坟的人，祭祀了二百年才断绝。扬雄认为他是造反作乱的人，这是为什么呢？至于杀害吴广、诛杀老友、寡恩少义，没有帝王的宽宏大度，这才是陈胜失败的真正原因。

孔墨

原文

墨翟以兼爱无父之故，孟子辟而辟[1]之，至比于禽兽，然一时之论。迨[2]于汉世，往往以配孔子。《列子》载惠盎见宋康王曰：“孔丘、墨翟，无地而为君，无官而为长，天下丈夫女子，莫不延颈举踵而愿安利之。”邹阳上书于梁孝王曰：“鲁听季孙之说逐孔子，宋任子冉之计囚墨翟，以孔、墨之辩，不能自免于谗谀。”贾谊《过秦》云：“非有仲尼、墨翟之知。”徐乐云：“非有孔、曾、墨子之贤。”是皆以孔、墨为一等，列、邹之书不足议，而谊亦如此。韩文公最为发明孟子之学，以为功不在禹下者，正以辟杨、墨耳。而著《读墨子》一篇云：“儒、墨同是尧、舜，同非桀、纣，同修身正心以治天下国家。孔子必用墨子，墨子必用孔子。不相用，不足为孔、墨。”此又何也？魏郑公《南史·梁论》，亦有“抑扬孔、墨”之语。

注释

① 辟：驳斥。

② 迨：及，赶上，到达。汉班固《幽通赋》："盍孟晋以迨群兮，辰倏忽其不再。"

译文

墨翟提倡兼爱，主张没有差别的爱，因为不分厚薄亲疏被孟子拒绝驳斥，甚至孟子还把墨子比作禽兽，这不过是一时的言论。到了汉代，人们往往把墨子和孔子相提并论。《列子》中记载惠盎见宋康王时说："孔丘和墨翟虽然没有国土却和国君一样，虽然没有官职却与长官一样，天下的男女无不相继准备着甘愿为他们奉献自己。"邹阳给梁孝王上书写道："鲁国听从季孙氏的建议驱逐了孔子，宋国按照子冉的计策囚禁了墨子，以孔子和墨子的辩才，尚且不能使自己免于谗谀之人的陷害。"贾谊在《过秦论》中写道："没有像孔丘、墨翟那样的智慧。"徐乐说："没有孔子、曾子、墨子那样的贤德。"这些都是把孔丘、墨翟视为同一等级的人物对待，列子和邹阳的书不值得议论，而贾谊也是这样看待的。韩愈对孟子的学说最为精通，他认为孟子的功绩之所以不在大禹之下，正是因为他不赞同杨朱和墨子的主张。韩愈在《读墨子》一文中写道："儒家和墨家都是能与唐尧、虞舜相媲美的，都指责夏桀、商纣，都主张修身正心以治国平天下。孔子必用墨子的方式，墨子必用孔子的方式。如果双方不能相互重用，那就称不上是孔子和墨子。"这又是为什么呢？郑国公魏征的《南史·梁论》中也有"褒贬孔、墨"的话。

杨子一毛

原 文

《孟子》曰：“杨子取为我，拔一毛而利天下不为也。”杨朱之书，不传于今，其语无所考。惟《列子》所载：“杨朱曰：‘伯成子高不以一毫利物，舍国而隐耕。古之人损一毫利天下，不与也，人人不损一毫，不利天下，天下治矣。’禽子问杨朱曰：‘去子体之一毛以济一世，汝为之乎？’杨子曰：‘世固非一毛之所济。’禽子曰：‘假济，为之乎？’杨子弗应。禽子出语孟孙阳，阳曰：‘有侵若肌肤获万金者，若为之乎？’曰：‘为之。’曰：‘有断若一节得一国，子为之乎？’禽子默然。阳曰：‘积一毛以成肌肤，积肌肤以成一节[①]，一毛固一体万分中之一物，奈何轻之？’”观此，则孟氏之言可证矣。

注 释

① 节：骨节，人身及动物骨骼连接的部分。

译文

《孟子》中写道："杨子主张一切为自己，如果拔下一根汗毛能够有利于天下，他不会这么做。"杨朱的著作没有流传到今天，他的这句话也无从考证。只有《列子》记载："杨朱说：'伯成子高不愿拔一根毫毛以造福万物，因此舍国隐居耕田。古代的人损失一根毫毛以利于天下也不干，如果每个人都不损一毫，不造福天下，天下也就大治了。'禽子问杨朱说：'从你身上拔一根毫毛来救济世人，你会这样做吗？'杨朱说：'世界本来就不是一根毫毛所能救的。'禽子说：'假如能救济别人，你做吗？'杨朱沉默不答。禽子出来把这件事告诉了孟孙阳，孟孙阳说：'如果有人愿意以万金的代价触摸你的肌肤，你干吗？'禽子回答说：'愿意这样做。'孟孙阳又问：'如果有人要斩断你一节身体，然后送你一个国家，你干吗？'禽子沉默不语。孟孙阳说：'一根根毛发积累起来就构成了肌肤，一块块肌肤积累起来就构成了身体的一节，一根毛发也是整个人体的万分之一，怎么能够轻视它呢？"看到《列子》的这段记载，孟子的话就可以得到证实了。

李林甫秦桧

原 文

李林甫为宰相，妒贤嫉能，以裴耀卿、张九龄在己上，以李适之争权，设诡计去之。若其所引用，如牛仙客至终于位，陈希烈及见其死，皆共政六七年。虽两人伴食[1]谄事[2]，所以能久，然林甫以忮心[3]贼害，亦不朝愠暮喜，尚能容之。秦桧则不然，其始也，见其能助我，自冗散[4]小官，不三二年至执政。史才由御史检法官超右正言，迁谏议大夫，遂签书枢密。施钜由中书检正、郑仲熊由正言，同除权吏部侍郎。方受告正谢[5]，施即参知政事，郑为签枢。宋朴为殿中侍御史，欲骤用之，令台中申称本台缺检法主簿，须长贰[6]乃可辟[7]。即就状奏除[8]侍御史，许荐举，遽拜中丞，谢日除签枢，其捷如此。然数人者不能数月而罢。杨愿最善佞，至饮食动作悉效之。秦尝因食，喷嚏失笑，愿于仓卒间，亦阳喷饭而笑，左右侍者哂焉。秦察其奉己，愈喜。既历岁亦厌之，讽[9]御史排击而预告之，愿涕泪交颐。秦曰：“士大夫出处常事耳，何至是？”愿对曰：“愿起贱微，致身此地，已不啻足，但受太师生成恩，过于父母，一旦别去，何时复望车尘马足[10]邪？是所以悲也。”秦益怜之，使以本职奉祠[11]，仅三月起知宣州。李若谷罢参政，或曰："胡不效杨原仲之泣？"李，河北人，有直气[12]，笑曰："便打杀我，亦撰[13]眼泪不出。"秦闻而大怒，遂有江州居住[14]之命。秦尝以病谒告[15]，政府独有余尧弼，因奏对[16]，高宗访以机务一二，不能答。秦病愈入见，上曰："余尧弼既参大政，朝廷事亦宜使之与闻[17]。"秦退，扣[18]余曰："比日[19]榻前所询何事？"余具以告。秦呼省吏取公牍阅视，皆已书押。责之曰："君既书押[20]了，安得言弗知？是故欲相卖耳！"余离席辩析，不复应。明日台评交章。段拂为人愦愦，一日，秦在前开陈颇久，遂俯首瞌睡。秦退始觉，殊窘怖，上犹慰拊之，且询其乡里。少顷，还殿廊幕中。秦闭目诵佛，典客赞揖至三，乃答。归政事堂，穷诘其语，无以对，旋遭劾，至于责居。汤思退在枢府，上偶回顾，有所问。秦是日所奏，微不合。即云："陛下不以臣言为然，乞问汤思退。"上曰："此事朕岂不晓，何用问他汤思退？"秦还省见汤，已不乐，谋去之。会其病，迫于亡，遂免。考其所为，盖出偃月堂之上也。

注释

① 伴食：陪同进食。《续资治通鉴·宋理宗嘉熙元年》："伴食故臣，生无锱铢之劳，没乃论定策之功。"

② 谄事：逢迎侍奉。

③ 忮心：忌恨之心，妒忌之心。

④ 冗散：闲散，无固定职守。《后汉书·蔡邕传》："而今在任无复能省，及其还者，多召拜议郎、郎中。若器用优美，不宜处之冗散。"

⑤ 正谢：谓正式上朝谢恩。

⑥ 长贰：指官的正副职。

⑦ 辟：征招荐举。

⑧ 除：拜官，授职。《汉书·景帝纪》：“列侯薨及诸侯太傅初除之官，大行奏谥、诔、策。”

⑨ 讽：用委婉的语言暗示、劝告或讥刺、指责。《韩非子·八经》：“故使之讽，讽定而怒。”

⑩ 车尘马足：指代车骑。敬称对方时亦用之。

⑪ 奉祠：宋代设宫观使、判官、都监、提举、提点、主管等职，以安置五品以上不能任事或年老退休的官员等。

⑫ 直气：正气。

⑬ 撰：通“赚”，哄骗；诳骗。

⑭ 居住：宋时官吏降职并调往边远地区，称“居住”。

⑮ 谒告：请假。宋王谠《唐语林·补遗三》：“沆乃谒告，携即时替沆官。”

⑯ 奏对：臣属当面回答皇帝提出的问题。

⑰ 与闻：指参与其事并且得知内情。

⑱ 扣：同“叩”，求教，探问。

⑲ 比日：近日，近来。

⑳ 书押：签名或画押。《宋史·高宗纪四》：“凡制敕非军期机速，必先书押而后报行。”

译 文

李林甫任宰相，忌妒贤能的人，因为裴耀卿和张九龄在他之上，左相李适之和他争权，他就设诡计把他们除去了。至于李林甫自己所荐举的官员，像牛仙客就死在任上，陈希烈到李林甫死时还在做官，他们都和李林甫共同执政六七年。虽然牛、陈两个人只能谄媚，以至能长久为官，然而从另一方面说明李林甫虽然以忌妒之心残害贤能之人，但他不是朝愠暮喜的人，因此还能长期容忍他们。秦桧就不是这样，他在开始的时候，如果发现有人可以为己所用，就会让他在两三年的时间从闲散小官提升为执政大臣。史才从御史检法官越过右正言，升迁为谏议大夫，又升为签书枢密院事。施钜从中书检正、郑仲熊由正言，一起授吏部侍郎。正当他们接受任命谢恩的时候，施钜就升为参知政事，郑仲熊就升为签书枢密院事。宋朴任殿中侍御史，秦桧急切地想重用他，就命令御史台声称本台缺少检法主簿，必须正副职的官员才可以征招荐举。于是凭御史台的文书奏请任命宋朴为侍御史，批准他的推荐，很快又任命为御史中丞，谢恩的日子就任命为签书枢密院事，速度达到这样的程度。然而这几个人没能干到几个月就被罢免。杨愿最善于奸佞之事，甚至在饮食和动作上都模仿秦桧。秦桧曾经因为吃饭打喷嚏而失笑，杨愿在仓促之间，也故意喷出饭来而笑，旁边侍候的人都讥笑他。秦桧觉察到他在奉承自己，更加高兴。过了一年多秦桧也感到他讨厌，暗示御史弹劾他，杨愿哭得鼻涕眼泪都流到下巴上。秦桧说："士大夫做官和罢官，都是平常的事，哪里至于这样呢？"杨愿回答说："我杨愿出身贫贱低微，能到这个地位，已经不只是满足而已。但是受到太师抚育的恩情超过了父母，一旦离别而去，不知道我什么时候才能再次望见您车子的尘土和马脚呢？这就是我悲伤的缘故。"秦桧更加喜欢他，让他以本职退休领俸禄，仅仅三个月就又认命他为宣州知州。李若谷被罢免参政，有人说：“为什么不学杨愿那样哭泣呢？”李若谷是河北人，有正气，笑着说：“就是打死我，也骗不出眼泪来。”秦桧听到了大为生气，于是就下令贬李若谷到江州。秦桧曾经因病请假，政府中仅有余尧弼一个人，因此在奏对时，高宗向他询问机要事务，余尧弼有些事不能对答。秦桧病好了以后进见高宗，皇上说：“余尧弼既然参与了重要政务，朝廷中这些事也应该让他知道。”秦桧退出以后，问余尧弼说：“前些天皇上在御榻上问的是什么事？”余尧弼详细地告诉秦桧。秦桧叫省里的官员取来公文查看，看到余尧弼都已签字画押，就责备他说：“你既然已经画押完毕，哪里能说不知道？这不过是要出卖我罢了！”余尧弼离开座位辩解，秦桧不再回答。第二天，参劾的本章纷纷呈上。段拂平时神志不清，一天，秦桧在皇上面前讲了很久，他就低头打瞌睡。秦桧退下以后他才明白，很窘困害怕，皇上还是安慰他，而且问他是哪里人。过了一会儿，退回到殿外的廊幕中。秦桧闭上眼睛念诵佛经，司仪的人高唱作揖很多次才答礼。回到政事堂，一再追问段拂听到了哪些话，段拂不能回答，过两天就遭到弹劾，以至于责令罢官回家。汤思退在中央政府，皇上偶然回顾，有所询问。秦桧这一天的回答，稍稍有点不合皇上的意，就说：“陛下如果认为臣的话不对，请陛下问汤思退。”皇上说：“这件事我怎么会不知道呢，哪里用得着问他汤思退呢？”秦桧回到官署见到汤思退，已经不乐意，谋求把他赶走。正当汤思退生病，快要死了，于是就算了。考察秦桧的所作所为，还要在李林甫之上吧。

酒肆旗望

原 文

今都城与郡县酒务①，及凡鬻酒之肆，皆揭②大帘于外，以青白布数幅为之，微者随其高卑小大，村店或挂瓶瓢，标帚秆，唐人多咏于诗，然其制盖自古以然矣，《韩非子》云："宋人有酤酒③者，斗概甚平，遇客甚谨，为酒甚美，悬帜甚高，而酒不售，遂至于酸。"所谓悬帜者此也。

注 释

① 酒务：古代民间称酒店为"酒务"。

② 揭：高举。《诗·小雅·大东》："维北有斗，西柄之揭。"

③ 贴：以物质钱，典押。

译文

现今都城和郡县的酒店，以及所有卖酒的店铺，都在门外高挂一幅大帘子，大帘子由数幅青布或白布做成，小店的幌子随高低大小而不同，乡村小酒店有挂酒瓶的，有挂酒瓢的，还有用扫帚秆当标志的，唐代人多把这些写到诗里去。然而，这种规制大概自古以来就有，《韩非子》中记载：“宋国（今河南商丘一带）有个卖酒的人，酒具中盛得很满，对待客人也很殷勤，所造的酒非常香醇，门外的旗帜挂得也很高，可是他的酒却卖不出去，以至于腐败变酸了。”其中所说的悬挂旗帜，正是酒幌子。

唐二帝好名

原 文

唐贞观中，忽有白鹊营巢于寝殿前槐树上，其巢合欢[①]如腰鼓。左右拜舞称贺，太宗曰："我常笑隋炀帝好祥瑞，瑞在得贤，此何足贺？"乃命毁其巢，放鹊于野外。明皇初即位，以风俗奢靡，制乘舆服御金银器玩，令有司销毁，以供军国之用。其珠玉锦绣焚于殿前，天下毋得复采织，罢两京织锦坊。予谓二帝，皆唐之明主，所言所行，足以垂训于后，然大要[②]出于好名。鹊巢之异，左右从而献谀，叱而去之可也，何必毁其巢？珠玉锦绣，勿珍而尚之可也，何必焚之殿前，明以示外，使家至户晓哉！治道贵于执中，是二者俱不可以为法。其后杨贵妃有宠，织绣之工，专供妃院者七百人，中外争献器服珍玩。岭南经略使张九皋、广陵长史王翼，以所献精靡，九皋加三品，翼入为户部侍郎，天下从风而靡，明皇之始终，一何不同如此哉！

注 释

① 合欢：属落叶乔木，喜温暖湿润和阳光充足环境，气微香，

味淡。

② 大要：要旨，概要。

译文

唐太宗贞观年间，一天，忽然有只白鹊飞到太宗后宫寝殿前的槐树上筑巢，所筑的巢四周合抱，犹如腰鼓一般。太宗左右的大臣见状纷纷向太宗朝拜祝贺（认为这是吉祥之兆）。唐太宗说：“我常常嘲笑隋炀帝迷信所谓的祥瑞之兆，真正的吉祥应当是得到贤士的辅佐，像白鹊筑巢之类的区区小事有什么值得称贺的呢？”于是就命人将鹊巢捣毁，把鹊鸟放到野外去。唐玄宗刚即位时，社会上奢靡之风很盛，他就下令有关部门搜集金银器玩，将其销毁，以充国库，作为军队和国家开支的费用。其中的珠玉丝绸在殿前焚烧，并号令天下以后不得再织丝绸，还关闭了长安、洛阳两京的官营丝织作坊。我认为，唐代二位皇帝都称得上是英明的君主，他们的言行也足以作为后世的楷模。然而，（他们这样做）本质上却是为了追求好的名声。白鹊在殿前树上筑巢，虽说有些不同一般，群臣们借此献媚皇上，斥退他们就可以了，何必一定要捣毁鹊巢？珠玉锦绣，不珍视、不推崇就可以了，何必非要在殿前焚烧并且让这件事变得家喻户晓呢！处理事情贵在适中，像这两件事，恐怕不值得让后人去效法。唐玄宗末年，杨贵妃受宠，专供杨贵妃用的织绣工匠就有七百人。唐朝上下以及与唐有交往的周边国家竞相贡献各种礼器和珍贵的手工艺品。岭南（今广东广州市）经略史张九皋、广陵长史王翼，由于进贡的物品精美异常，张九皋加官三品，王翼进京当了户部侍郎，天下人像随风草一样倒伏，同是一个唐明皇，为何前后的表现竟有如此的不同！

三笔

汉宣帝不用儒

原 文

汉宣帝不好儒，至云俗儒不达时宜，好是古非今，使人眩于名实，不知所守，何足委任。匡衡为平原文学①，学者多上书荐衡经明，当世少双，不宜在远方。事下②萧望之、梁丘贺。望之奏衡经学精习，说有师道，可观览。宣帝不甚用儒，遣衡归故官。司马温公谓俗儒诚不可与为治，独不可求真儒而用之乎？且是古非今之说，秦始皇、李斯所禁也，何为而效之邪？既不用儒生而专委中书宦官，宏恭、石显因以擅政事，卒为后世之祸，人主心术③，可不戒哉！

注 释

① 文学：官名。汉代于州郡及王国置文学，或称文学掾，或称文学史，为后世教官所由来。

② 下：交付，发给。《汉书·武帝紀》："將军已下廷尉，使理正之，而又加法于士卒，二者并行，非仁圣之心。"

③ 心术：指人认识事物的方法和途径。

译文

汉宣帝不喜欢儒生，以至于说出俗儒不达人情事理，喜欢颂古非今，使人们在虚名和务实问题上造成迷乱，不知道信守什么，怎配委以重任呢？匡衡当时是平原郡的教官，学者们多上书推荐他，称其通晓经学，当世无双，不应滞留在远方。宣帝让匡衡在萧望之、梁丘贺手下做事。萧望之上奏称匡衡对经学很精通，其学说有师承来历，值得参阅。因宣帝不大采用儒学，最终还是将匡衡放回平原郡担任原来的职务了。司马光先生曾说俗儒确实不可以和他谈论治理天下的道理，难道不可以寻求真正的儒者而任用他们吗？况且颂古非今的提法，是秦始皇、李斯对儒生的蔑称并严厉禁止的，为什么要效法他们呢？既然不任用儒生而专门委任中书令宦官，所以宏恭、石显因此擅权国事，最终成为汉朝后世的大祸，作为人主的皇帝，在考虑治国的方针时，不应该以此为鉴吗？

刘项成败

原 文

汉高帝、项羽起兵之始，相与北面共事怀王。及入关破秦，子婴出降，诸将或言诛秦王。高帝曰："始怀王遣我，固以能宽容，且人已服降，杀之不祥。"乃以属吏①。至羽则不然，既杀子婴，屠咸阳，使人致命于怀王。王使如初约，先入关者王其地。羽乃曰："怀王者，吾家武信君所立耳，非有功伐，何以得颛②主约？今定天下，皆将相诸君与籍力也，怀王亡功，固当分其地而王之。"于是阳尊王为义帝，卒至杀之。观此二事，高帝既成功，犹敬佩王之戒，羽背主约，其未至于如此，成败之端，不待智者而后知也。高帝微时③，尝繇④咸阳，纵观秦皇帝，喟然太息曰："大丈夫当如此矣！"至羽观始皇，则曰："彼可取而代也。"虽史家所载，容有文饰，然其大旨，固可见云。

注 释

① 属吏：指交给执法官吏处理。《史记·高祖本纪》："乃以秦王属吏，遂西入咸阳。"

② 颛：通“专”，专擅。

③ 微时：卑贱而未显达的时候。《史记·吕太后本纪》：“吕太后者，高祖微时妃也。”

④ 繇：通“徭”，徭役。

译文

汉高祖刘邦、西楚霸王项羽当初起兵的时候，曾相约共同作为臣下侍奉怀王。等到刘邦进入关中（今陕西西安一带）击破了秦军，秦王子婴出来投降，将领中有人建议杀掉秦王。刘邦说：“开始怀王派遣我，本来就是因为我能宽厚容忍，并且人家已经归附投降，杀了不吉利。”于是就把子婴交给了执法官。等到项羽入关后则不是这样，他先杀了子婴，又屠戮咸阳城，最后才向怀王禀报受命。楚怀王让他遵守当初的盟约，谁先入关谁就统治关内地区。项羽说：“楚怀王是我的叔父武信君项梁拥立的，没有任何攻伐之功，凭什么得以擅权专断主持盟约呢？今天天下被平定，都是靠各位将领和我项羽的力量，怀王没有功劳，本来就应该把他的地盘瓜分开来统治。”于是表面上尊怀王为义帝，最终还是杀害了他。观察分析刘邦、项羽这两件事，汉高祖已经破秦成功了，还恭敬地信守怀王的告诫，而项羽却违背盟约，后来竟发展到了这种地步，成败的端倪已经显现，聪明的人不必等到最后就能知道结果。汉高祖微贱的时候，曾在咸阳服役，从远处看到秦始皇，感慨地说：“大丈夫就应该这样啊！”等到项羽看到秦始皇，却说：“这个人我可以取代他。”这虽然是史家的记载，或许有文字修饰夸张，然而他们二人的大概志趣，通过这里就可以看出了。

介推寒食

原 文

《左传》晋文公反国，赏从亡者，介之推不言禄，禄亦弗及，推遂与母偕隐而死。晋侯求之不获，以绵上[①]为之田，曰：“以志吾过。”绵上者，西河界休县地也。其事始末只如此。《史记》则曰：“子推从者书宫门，有‘一蛇独怨’之语。文公见其书，使人召之，则亡。闻其入绵上山中，于是环山封之，名曰介山。”虽与《左传》稍异，而大略亦同。至刘向《新序》始云：“子推怨于无爵齿，去而之介山之上，文公待之，不肯出。以谓焚其山宜出，遂不出而焚死。”是后杂传记，如《汝南先贤传》则云：“太原旧俗，以介子推焚骸，一月寒食。”《邺中记》云：“并州俗，冬至后一百五日，为子推断火冷食三日。魏武帝以太原、上党、西河、雁门皆冱寒[②]之地，令人不得寒食，亦为冬至后百有五日也。”案《后汉·周举传》云：“太原一郡，旧俗以介子推焚骸，有龙忌[③]之禁。至其亡月，咸言神灵不乐举火，由是士民每冬中辄一月寒食，莫敢烟爨。举为并州刺史，乃作吊书置子推庙，言盛冬去火，残损民命，非贤者之意，宣示愚民，使还温食。于是众惑稍解，风俗颇革。”然则所谓寒食，乃是冬中，非今节令二三月间也。

注释

① 绵上：古地名，春秋晋地，在今山西省介休市东南四十里介山之下。公元前636年，介之推隐于绵上山中而死，晋文公求之不获，遂以绵上之田作为介之推的祭田。

② 沍寒：闭塞。指不得见日，极为寒冷。《左传·昭公四年》：“其藏冰也，深山穷谷，固阴沍寒，于是乎取之。”

③ 龙忌：禁火日。

译文

《左传》上记载：晋文公重耳结束流亡返回晋国，封赏跟从他流亡的人，介之推没要求俸禄，禄位也就没有给他，介之推便和老母亲一起隐居到死。晋文公找他而没有找到，就把绵上这个地方作为他的封田，说：“以此来记下我的过错。”绵上就是西河介休县（今属山西）的地盘。这件事的前后经过仅仅如此。《史记》则写道：“介之推的随从在宫门上写字，其中有‘只有一条蛇怨恨’的话。晋文公看到这份上书，便派人诏见介之推，介之推就逃走了。听说他进入了绵上的山中，于是晋文公就把山围着封住，起名叫‘介山’。”《史记》虽然和《左传》的记载稍有不同，但大略也一致。到了汉朝刘向的《新序》则开始记载：“介之推怨恨没有被封爵排次，就离开晋文公来到介山之上，晋文公期待他出来，他不肯出来。晋文公以为放火烧山他应该就会出来，晋文公下令放火烧山后介之推没出来而被烧死了。”之后这些言论便掺杂在传记

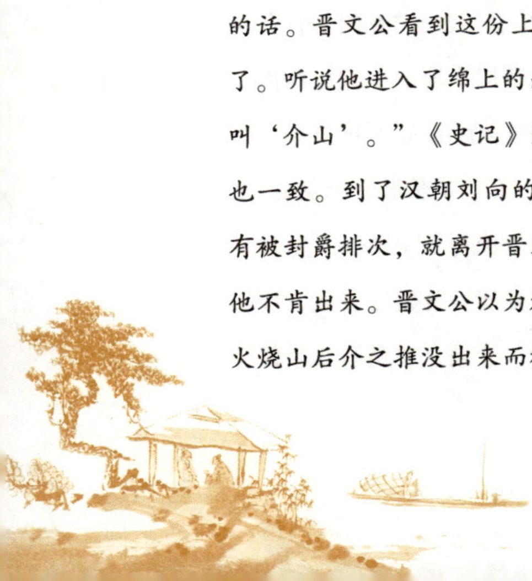

中流传，如《汝南先贤传》则写道："太原的风俗，因为介之推被烧死，一月份吃冷食。"《邺中记》记载："并州（今山西太原）风俗，冬至后的第一百零五天，为纪念介之推断火吃冷食三天。魏武帝因为太原、上党、西河、雁门都是严寒冰冷的地方，命令人们不要吃冷食，也是在冬至后的一百零五天。"我考察《后汉书·周举传》的记载："太原一郡，旧风俗因介之推被烧死，有断火的禁忌。到他死的那个月份，说是神灵不喜欢点火，因此百姓每年冬天就一个月都吃冷食，没有人敢生火做饭。周举任并州刺史，就作吊介之推的祭文放在他的庙前，称寒冬不生火做饭，残害老百姓的性命，这不是介之推这个贤人的本意，就向老百姓宣布，让他们恢复吃温食的习惯。于是当地人们的疑惑逐渐解除，寒食的风俗颇有革除。"这样的话，寒食节应该是在严冬中，不是现在的二、三月间。

赵充国马援

原 文

前汉先零羌犯塞，赵充国平之，初置金城属国，以处降羌，西边遂定。成帝命扬雄颂其图画[①]，至比周之方、虎[②]。后汉光武时，西羌入居塞内，来歙奏言，陇西侵残，非马援莫能定。乃拜[③]援太守，追讨之。羌来和亲，于是陇右清静。而自永平以后，讫于灵帝，十世之间，羌患未尝少息。故范晔著论，以为“二汉御戎之方，为失其本。先零侵境，赵充国迁之内地。当煎作过，马文渊徙之三辅。贪其暂安之势，信其驯服之情，计日用之权宜，忘经世之远略，岂夫识微[④]者之为乎”？援徙当煎于三辅，不见其事。《西羌传》云，援破降先零，徙置天水、陇西、扶风三郡，事已具《援传》。然援本传盖无其语，唯段纪明与张奂争讨东羌奏疏，正谓赵、马之失，至今为梗。充国、文渊，为汉名臣，段贬之如此，故晔据而用之，岂其然乎？

注 释

① 图画：即图划、谋划。汉东方朔《非有先生论》："图划安危，揆度得失。"

② 方、虎：方叔、召虎的并称，为周宣王时贤臣，有中兴之功。

③ 拜：授官，封爵。《汉书·爰盎传》："上拜盎为泰常，窦婴为大将军。"

④ 识微：指看到事物的苗头而能察知它的本质和发展趋向。《易·系辞下》："君子知微知彰，知柔知刚，万物之望。"

译 文

西汉时先零羌进犯边塞，赵充国平定了叛乱，开始在金城（今甘肃永靖）设置属国，来安置归降的羌人，西部边疆就安定了。汉成帝命令扬雄作赋歌颂赵充国的这一谋划，以至于把他比作周朝的方叔、召虎。东汉光武帝刘秀时，西羌侵入并居住到边塞以内，来歙上奏称，陇西（今甘肃临兆）被羌人侵犯摧残，除了马援没有人能平定。于是就封马援为陇西太守，追逐讨伐西羌。西羌前来和亲，于是陇右清平无事。但自永平到灵帝，十代之间，羌族的侵扰之患未曾稍微平息。因此南朝范晔的评论认为："两汉抵御西部少数民族侵犯的方略，失在没有治本。先零侵扰边境，赵充国就把他们迁徙到了内地。当煎作乱的时候，马援又把他们迁到了三辅。贪图暂时的安宁，轻信他们表面归顺，只计较日用费用的耗费，却忘记经世安邦的长远谋略，这岂是见微知著的人做的事？”马援把当煎迁到三辅，史书上不见记载。《西羌传》记载，马援击破并招降了先零，把他们迁徙安置在天水、陇西、扶风三郡。这件事已经具体地记录在《马援传》中。然而马援本人的传记却没有这些话，只有段纪明和张奂争论讨伐东羌的奏疏中，正面批评了赵充国、马援安抚西羌的过失，到现在还是国家的祸害。赵充国、马援是汉朝的名臣，段纪明贬抑他们到了这种地步，所以范晔作史书时采用了这种说法，可真实情况确实是这样吗？

北狄俘虏之苦

原 文

元魏破江陵，尽以所俘士民为奴，无问贵贱，盖北方夷俗皆然也。自靖康之后，陷于金虏者，帝子王孙，官门仕族之家，尽没为奴婢，使供作务[①]。每人一月支稗子五斗，令自舂为米，得一斗八升，用为糇粮。岁支麻五把，令缉为裘，此外更无一钱一帛之入。男子不能缉者，则终岁裸体，虏或哀之，则使执爨，虽时负火得暖气，然才出外取柴归，再坐火边，皮肉即脱落，不日辄死。惟喜有手艺，如医人、绣工之类，寻常只团坐地上，以败席或芦藉衬之。遇客至开筵，引能乐者使奏技，酒阑客散，各复其初，依旧环坐刺绣，任其生死，视如草芥。先公在英州，为摄守蔡寯言之，蔡书于《甲戌日记》，后其子大器录以相示，此《松漠记闻》所遗也。

注 释

① 作务：劳作，服役。

译文

元魏攻破江陵，把所俘获的士人百姓全都编为奴隶，不问高贵低贱，大概北方夷人的习俗都是这样。自靖康国耻后，失陷在金人手中的，上自帝子王孙，下至官宦人家，全部沦为奴隶，使他们供职于劳务。每个人一个月支给稗子五斗，让他们自己舂成米，可得到一斗八升，用作干食，每年支给麻五把，让他们编织成裘衣，此外再没有一钱一帛的收入。男子不会织麻的，就终年裸体，金人有的可怜他们，就让他们去烧火，虽然时时靠火得到些暖气，然而刚出外取柴，回来再坐在火边，皮肉随即脱落，不几天就死了。金人只喜欢有手艺的人，如医人、绣工之类，寻常的人只让他们团团坐在地上，用破席子或芦苇席垫在地上。遇到客人到来摆宴席时，就引来懂音乐的让他们演奏，酒宴完毕客人散去，他们又恢复原来的状态，依旧环坐在一起刺绣。金人听任他们的生死，把他们的生命看得像草芥一样低贱。先父在英州，对兼知州蔡寯说过这些事，蔡寯把这些事写入了他的《甲戌日记》，后来他的儿子蔡大器抄下来给我看，这是《松漠记闻》所疏漏的。

公孙五楼

原 文

南燕慕容超嗣位之后，悉以国事付公孙五楼，燕业为衰。晋刘裕伐之，或曰："燕人若塞大岘[①]之险，坚壁清野，大军深入，将不能自归。"裕曰："鲜卑贪婪，不知远计，谓我不能持久，不过进据临朐，退守广固，必不能守险清野。"超闻有晋师，引群臣会议，五楼曰："吴兵轻果[②]，利在速战，不可争锋，宜据大岘，使不得入。各命守宰，依险自固，焚荡资储，芟除禾苗，使敌无所资。彼侨军[③]无食，可以坐制[④]。若纵使入岘，出城逆战，此下策也。"超不听，裕过大岘，燕兵不出，喜形于色，遂一举灭燕，观五楼之计，正裕之所惮也。超平生信用五楼，独于此不然，盖天意也。五楼亦可谓智士，足与李左车[⑤]比肩。后世奸妄擅国，以误大事者多矣，无所谓五楼之智也。

注 释

① 大岘：山名。在山东省临朐县东南，即穆陵关，旧称齐地天险。

② 轻果：轻捷果敢。

③ 侨军：南北朝时以侨居江南的北方人编成的军队。

④ 坐制：轻易制敌。

⑤ 李左车：秦末谋士，赵国名将李牧之孙。

译 文

南燕慕容超继位之后，把国家政事全都交给公孙五楼处理，南燕的基业因此衰落了。晋刘裕讨伐南燕，有人说：“燕人如果堵塞了大岘之险，坚壁清野，大军深入，将不能退出来。”刘裕说：“鲜卑人贪婪，不知道考虑长远，以为我不能在那里持久作战，不过进据到临朐，退守到广固，一定不能拒守险要而坚壁清野。”慕容超听说有晋兵，召集群臣聚会讨论，公孙五楼说：“南方的士兵轻捷果敢，优势在于速战，我们不要和它交锋，应该据守大岘，使他们不得深入。命令各个守宰，依据险要自己固守，焚烧物资存储，割除禾苗，使敌人没有物资补给。他们出兵在外没有吃食，我们安坐就可以制服他们。若是放他们进入大岘，我们出城迎战，这是下策。”慕容超不听。刘裕过大岘，燕兵没有出战，刘裕喜形于色，于是一举歼灭了燕国。观察公孙五楼的计谋，正是刘裕所忌惮的。慕容超一生信用公孙五楼，独在这件事上不这样，大概是天意吧。公孙五楼也可说是智谋之士，足可和李左车相提并论。后世的奸诈虚妄之徒专擅国政、贻误国家大事的多了，都没有公孙五楼这样的智谋。

三竖子

原 文

赵为秦所围，使平原君求救于楚，楚王未肯定从。毛遂曰：“白起，小竖子[①]耳！兴师以与楚战，举鄢、郢，烧夷陵，辱王之先人，此百世之怨也。”是时，起已数立大功，且胜于长平矣。人告韩信反，汉祖以问诸将，皆曰：“亟发兵坑竖子耳！”帝默然。唯陈平以为兵不如楚精，诸将用兵不能及信。英布反，书闻，上召诸将问计，又曰：“发兵击之，坑竖子耳！”夫白起、信、布之为人，材能不可掩，以此三人为竖子，是天下无复有壮士也。毛遂之言，只欲激怒楚王，使之知合从之利害，故不得不以起为懦夫。至如高帝诸将，不过周勃、樊哙之俦。韩信因执而归，栖栖然[②]处长安为列侯，盖一匹夫也。而哙喜其过己，趋拜送迎，言称臣，况于据有全楚万乘之地，事力强弱，安可同日而语？英布固尝言：“诸将独患淮阴、彭越，今皆已死，余不足畏。”则竖子之对，可谓勇而无谋，殆与张仪诋苏秦为反覆之人相似。高帝默然，顾深知其非也。至于陈平，则不然矣。若乃韩信谓魏将柏直为竖子，则诚然。柏直庸庸无所知名，汉王亦称其口尚乳臭，真一竖子也。阮籍登广武，叹曰：“时无英雄，使竖子成名。”盖叹是时无英雄如昔人者。俗士不达，以为籍讥汉祖，虽李太白亦有是言，失之矣。

注释

① 竖子：对人的鄙称。犹今言“小子”。

② 栖栖然：忙碌不安的样子。《诗·小雅·六月》：“六月栖栖，戎车既饬。”

译文

赵国被秦国包围，派平原君向楚国求救，楚王没有允诺一定答应。毛遂说：“白起，是个小竖子而已！他兴兵与楚国作战，攻下鄢、郢，火烧夷陵，侮辱大王的先人，这是百世不忘的怨恨。”这个时候，白起已经数次立下大功，并且在长平胜了赵国。有人告发韩信谋反，汉高祖向各位将领问计策，将领们都说：“立即发兵坑杀了这竖子罢了。”高祖默默不语。只有陈平认为军队不如楚兵精良，各将领用兵比不上韩信。英布谋反，报书奏闻，皇上召见各将领询问计策，诸将又说：“发兵攻打，坑杀了这竖子罢了！”白起、韩信、英布的才能不可掩盖，如果这三个人是竖子，那么天下就再也没有壮士了。毛遂的话，只是想激怒楚王，使他知道合纵的利害，所以不得不把白起当成懦夫。至于汉高祖的各位将领，都不过是周勃、樊哙一类的人。韩信因萧何月下追赶而归顺刘邦，忙碌不安地在长安成为一列侯，当时的他不过是一介匹夫。而樊哙惊喜他的才能超过自己，就趋奉拜谒，送往迎来，说话时自称臣，何况现在他占据全楚万辆战车的土地，他的实力强弱，怎么能同昔日相提并论呢？英布本来就曾说过："在各位将领中，我只害怕淮阴侯韩信、梁王彭越，现在他们都死了，剩下的将领不值得我畏惧了。"这样的话，他们用"竖子"这种称谓回答问题，可以说有勇无谋，大概与张仪诋毁苏秦为反复无常的小人相似。汉高祖默然不语，是深知他们说得不对。至于陈平，就和他们不一样了。如果韩信说魏将柏直为竖子，则确实是这样。柏直庸庸碌碌没有什么知名的地方，汉王也称他乳臭未干，真是个竖子。阮籍登广武城，感叹说："现在没有英雄，让竖子成就功名！"这大概是感慨他那个时代没有像古代那样的英雄。世俗之士不通事理，以为这是阮籍讥讽汉高祖。即使是李太白也有这样的说法，这是错的。

孔子正名

原 文

子路曰："卫君待子而为政，子将奚[1]先？"子曰："必也正名[2]乎！"子路曰："子之迂也！奚其正？"夫子责数之以为"野"。盖是时夫子在卫，当辄为君之际，留连最久，以其拒父而窃位，故欲正之，此意明白。然子欲适晋，闻其杀鸣犊，临河而还，谓其无罪而杀士也。里名胜母，曾子不入，邑称朝歌，墨子回车，邑里之名不善，两贤去之，安有命世圣人，而肯居无父之国，事不孝之君哉？是可知已！夫子所过者化，不令而行，不言而信，卫辄待以为政，当非下愚而不移者。苟其用我，必将导之以天理，而趣反其真，所谓命驾虚左[3]而迎其父不难也。则其有补于名义，岂不大哉！为是故不忍亟去以须之。既不吾用，于是慨然反鲁。则辄之冥顽悖乱，无所逃于天地之间矣！子路曾不能详味圣言，执迷不悟，竟于身死其难。惜哉！

注释

① 奚：疑问词，什么事。《论语》："卫君待子而为政，子将奚先？"

② 正名：辨正名称、名分，使名实相符。

③ 虚左：空着左边的位置。古代以左为尊，虚左表示对宾客的尊敬。

译文

子路对孔子说："卫国国君等着您去治理国政，您将先干什么事？"孔子说："那一定是矫正名不副实的现象啊！"子路说："您这么迂腐！为什么要矫正呢？"孔夫子责备数落子路，认为他"粗野"。这个时候孔夫子在卫国，正当辄为卫国国君，滞留在卫国最久，因为辄拒绝父亲回国而窃取君位，所以孔子想矫正这种名分不当的现象，他这种意思是很明白的。但孔子想去晋国，听说晋国的赵简子杀了鸣犊，孔子到了黄河边就回来了，声称鸣犊无罪而被杀害。乡名有叫胜母的，曾参就拒不进入该乡，邑名叫朝歌，墨子就调转车头，因为邑名和乡里的名字不好，两位贤人就离开了，怎么会有闻名于世的圣人，竟肯居住在没有伦常的国家里，侍奉不孝的国君呢？这是可以知道的了。孔子经过的地方的人们就会受到教化，不用下达命令人们就会自发地去执行，不用说什么就会得到别人的信任，卫出公辄能等待孔子来治理国政，他应该不是下愚而不可改变的人。如果他任用我，我必将用天理来引导他，使他返回自己的本真，那样命人驾车空出左边的位置去迎接他父亲的事就不难了。这样的话，他对名分道义的补救，岂不是很伟大吗！因此我不忍即刻离去而等待着。既然不能任用我，于是就感叹着返回了鲁国。这样卫出公辄的冥顽不灵、刚愎混乱，就不能逃脱于天地间了。子路竟不能详细玩味孔夫子的圣言，执迷不悟，竟至于在卫国以身殉难。可惜呀！

蕨萁养人

原 文

自古凶年饥岁，民无以食，往往随所值①以为命，如范蠡谓吴人就蒲蠃②于东海之滨；苏子卿掘野鼠所去草实，及啮雪与旃毛并咽之；王莽教民煮木为酪：南方人饥饿，群入野泽掘凫茈③；邓禹军士食藻菜；建安中，咸阳人拔取酸枣、藜藿以给食；晋郗鉴在邹山，兖州百姓掘野鼠、蛰燕④；幽州人以桑椹为粮，魏道武亦以供军；岷、蜀食芋。如此而已。吾州外邑，嵘嵋山在乐平、德兴境，李罗万斛山在浮梁、乐平、鄱阳境，皆绵亘百余里，山出蕨萁⑤。乾道辛卯、绍熙癸丑岁旱，村民无食，争往取其根。率以昧旦⑥荷锄往掘，深至四五尺，壮者日可得六十斤。持归捣取粉，水澄细者煮食之，如粔籹⑦状，每根二斤，可充一夫一日之食。冬晴且暖，田野间无不出者，或不远数十里，多至数千人。自九月至二月终，蕨抽拳则根无力，于是始止。盖救饿羸者半年，天之生物，为人世之利至矣！古人不知用之，传记亦不载，岂他邦不产此乎？

注 释

① 所值：遇到，碰上。

② 蒲蠃：蚌蛤之属。《国语·吴语》：“今吴民既罢，而大荒荐饥，市无赤米，而囷鹿空虚，其民必移就蒲蠃于东海之滨。”

③ 凫茈：亦作“凫茨”，即荸荠。《后汉书·刘玄传》：“王莽末，南方饥馑，人庶群入野泽，掘凫茈而食之。”

④ 蛰燕：冬季伏匿在穴中的燕子。

⑤ 蕨萁：蕨苗，俗名蕨菜。

⑥ 昧旦：天将明未明之时，破晓。《诗·郑风·女曰鸡鸣》：“女曰鸡鸣，士曰昧旦。”

⑦ 粔籹：古代的一种食品。以蜜和米面搓成细条，组之成束，扭作环形，用油煎熟。又称寒具、膏环。

译 文

自古以来荒年饥岁，百姓没有吃的东西，往往随便遇到什么就吃什么，以保性命，如范蠡说吴国人到东海边吃蚌蛤；苏武挖掘野鼠去掉的草籽吃，把雪和着毡皮一并咽下去。王莽教给百姓煮木为酪；南方人饥饿时就成群结队进入野泽里挖掘荸荠吃；邓禹的军士吃藻菜；汉献帝建安年间，咸阳人采集酸枣、藜藿来当饭吃；晋代的郗鉴在邹山，兖州的百姓就挖野鼠、蛰伏在洞穴里的燕子吃；幽州人把桑葚当作干粮，魏道武帝也把桑葚供给军队吃；岷山、蜀地百姓吃芋头。史书的记载仅此而已。本州外的地方，嵊崌山在乐平、德兴境内，李罗万斛山在浮梁、乐平、鄱阳境内，这两座山都绵延一百多里，山中出产蕨萁。孝宗乾道七年（1165年）、光宗绍熙四年（1193年）发生旱灾，村民没有吃的，争着前往山中挖蕨萁的根。大都是天还没亮就扛着锄头去掘，要掘到深至四五尺的地方，一个壮劳力一天可以掘得六十斤，拿回来捣烂取出粉，用水加以过滤，沉淀下来的细粉煮了来吃，形状和粔籹一样，每根二斤可充当一个男子一天的伙食。冬季晴天暖和时，田野间有好多出来挖蕨萁的人，甚至有从数十里而来的人，多的时候达到数千人。自九月至二月末，蕨萁发芽上长而根还没有长饱满，于是停止挖掘。蕨萁作为食物大概可以让人们有半年的时间远离饥饿，大自然所生的东西，对世人有利到了极致！古代的人不知道利用它，传记也没有记载，难道是因为别的地方不出产蕨萁吗？

贤士隐居者

原 文

士子修己笃学，独善其身，不求知于人，人亦莫能知者，所至或有之，予每惜其无传。比得上虞李孟传录示四事，故谨书之。

其一曰，慈溪蒋季庄，当宣和间，鄙王氏之学，不事科举，闭门穷经，不妄与人接。高抑崇居明州城中，率一岁四五访其庐。季庄闻其至，必倒屣[1]出迎，相对小室，极意讲论，自昼竟夜，殆忘寝食。告去则送之数里，相得欢甚。或问抑崇曰：“蒋君不多与人周旋[2]，而独厚于公，公亦惓惓于彼，愿闻其故？”抑崇曰：“阅终岁读书，凡有疑而未判，与所缺而未知者，每积至数十，辄一扣之，无不迎刃而解。”而蒋之所长，他人未必能知之。世之所谓知己其是乎？

其二曰，王茂刚，居明之林村，在岩壑深处，有弟不甚学问，使颛治生以糊口，而刻意[3]读书，足迹未尝妄出，尤邃[4]于《周易》。沈焕通判州事，尝访之。其见趣绝出于传注之外云。气象严重，窥其所得，盖进而未已也。

其三曰，顾主簿，不知何许人，南渡后寓于慈溪。廉介[5]有常，安于贫贱，不蕲[6]人之知。至于践履[7]间，虽细事不苟也。平旦起，俟卖菜者过门，问菜把直几何，随所言酬之。他饮食布帛亦然。久之人皆信服，不忍欺。苟一日之用足，则玩心坟典[8]，不事交游。里中有不安其分、武断强忮[9]者，相与讥之，曰："汝岂顾主簿耶？"

其四曰，周日章，信州永丰人。操行介洁，为邑人所敬。开门授徒，仅有以自给，非其义一毫不取。家至贫，常终日绝食，邻里或以薄少[10]致馈。时时不继，宁与妻子忍饿，卒不以求人。隆寒披纸裘，客有就访，亦欣然延纳。望其容貌，听其论议，莫不耸然[11]。县尉谢生遗以裘衣，曰："先生未尝有求，吾自欲致其勤勤[12]耳，受之无伤也。"日章笑答曰："一衣与万钟等耳，傥无名受之，是不辨礼义也。"卒辞之。汪圣锡亦知其贤，以为近于古之所谓独行者。

是四君子，真可书史策云。

注释

① 倒屣：急于出迎，把鞋穿倒。

② 周旋：引申为交往，交际应酬。三国魏曹操《与荀彧追伤郭嘉书》："郭奉孝年不满四十，相与周旋十一年，险阻艰难，皆共罹之。"

③ 刻意：潜心致志，用尽心思。南朝梁刘勰《文心雕龙·通变》："今才颖之士，刻意学文。"

④ 邃：精通，深晓。

⑤ 廉介：清廉耿介。

⑥ 蕲：通"祈"。祈求。

⑦ 践履：喻指行为、行动。

⑧ 坟典：三坟、五典的并称，后转为古代典籍的通称。

⑨ 强忮：固执。

⑩ 薄少：稀少，微薄。

⑪ 耸然：诧异貌。耸，通“悚”。

⑫ 勤勤：恳切至诚。

译 文

士人修身养性，专注于学问，独善其身，不求被人知道，别人也不能了解他，偶尔会有达到这样的人，我每每可惜他们的传记没有流传下来。最近得到了上虞李孟传抄录给我看的四个人的事，因此恭敬地记录下来。

其一说，慈溪蒋季庄，在宣和年间，他看不起王安石的学问，不从事科举，闭门穷究经书，不胡乱与人交往。高抑崇（高闶）居住在明州城中，一般一年有四五次到他的住所拜访。蒋季庄听到他来了，一定会急得倒穿着鞋出来迎接，他们会相对坐在小屋里，尽心讲解谈论，从白天到黑夜，几乎忘记睡觉吃饭。告别离去时蒋季庄会送他数里地，两个人交往很融洽。有人问高抑崇说：“蒋季庄很少和人交往，而独和你交情深厚，您也恳切地对他，想听听这其中的缘故。”高抑崇说：“我终年读书，凡是有疑问而不能判断的和由于欠缺而不知道的，每次积累到数十条，就去问他一次，没有不迎刃而解的。”然而蒋季庄君的长处，别的人未必能够知道。世上所谓的知己就是这样吧？

其二说，王茂刚，居住在明州的林村，在山谷深处，他有个弟弟不太喜欢读书，就让他的弟弟专门经营生计来糊口，而自己则潜

心读书，不曾随便出去，尤其精通《周易》。沈焕为明州通判时，曾拜访过他，说他的见识旨趣很是超出经传之外。他的气概严肃稳重，看他所得的知识，大概只有前进而没有停止。

其三说，顾主簿，不知道是哪里人，南渡后寓居在慈溪。他保持清廉的操行，安于贫贱，不求人知，甚至对于自己的行为举止这样的小事他也一丝不苟。他天明起床，等卖菜的过门时，问了菜价多少钱，并随他所说而付给菜钱。其他吃的穿的也是这样。时间久了人们都信服他了，不忍心欺骗他。只要一天用的足够了，他就专心研究典籍，不好交游。里中有不安分守己、武断顽固的人，一同讥笑他，说：“你难道是顾主簿吗？”

其四说，周日章是信州永丰县人。他操行廉洁耿直，为县里人所尊敬。他开门教授生徒，收入仅仅够自给，不义之财一毫不取。他的家中极为贫穷，常常整天没有吃的，邻里有时用微薄的东西馈送接济他，他时常上顿不接下顿，宁愿和妻子儿女忍受饥饿，也不愿因此求人。隆冬寒天他披着纸一样的薄裘。有客人来访，他也高兴地延请接纳。看他的容貌，听他的议论，没有人不感到敬畏。县尉谢生送给他一套衣服，说：“先生未曾有求于我，是我自己愿意送上我的一片敬意，接受它没有什么妨害。”周日章笑着回答说：“一套衣服和万钟粮食本质上是一样的，如果没有正当的理由就接受，这是不知礼仪的。”最终推辞掉了。汪圣锡也知道他的贤能，认为他接近古代的独行君子。

这四个君子，真可以写进史书里了。

白公夜闻歌者

原文

白乐天《琵琶行》，盖在浔阳江上为商人妇所作。而商乃买茶于浮梁[①]，妇对客奏曲，乐天移船，夜登其舟与饮，了无所忌，岂非以其长安故倡女，不以为嫌邪？集中又有一篇题云《夜闻歌者》，时自京城谪浔阳，宿于鄂州，又在《琵琶》之前。其词曰："夜泊鹦鹉洲，秋江月澄澈。邻船有歌者，发调堪愁绝！歌罢继以泣，泣声通复咽。寻声见其人，有妇颜如雪。独倚帆樯立，娉婷十七八。夜泪似真珠，双双堕明月。借问谁家妇，歌泣何凄切？一问一沾襟，低眉终不说。"陈鸿《长恨传序》云："乐天深于诗，多于情者也，故所遇必寄之吟咏，非有意于渔色[②]。"然鄂州所见，亦一女子独处，夫不在焉，瓜田李下之疑，唐人不议也。今诗人罕谈此章，聊复表出。

注释

① 浮梁：旧县名。属江西省鄱阳县地。唐白居易《琵琶行》："商人重利轻别离，前月浮梁买茶去。"后以浮梁借指商人。

② 渔色：猎取美女。

译文

白居易的《琵琶行》大概是在浔阳江上为商人的妻子所作的。商人在浮梁买茶，他的妻子对客奏曲，白居易移近了船，夜里登上妇人的船和她一起饮酒，完全没有任何忌讳，难道因为她是长安相识的妓女，就不用避嫌吗？他的诗集中还有一篇题为《夜闻歌者》的诗，当时他正从京城长安贬谪到浔阳，留宿在鄂州，这首诗应该作于《琵琶行》之前。其中的诗句写道："夜泊鹦鹉洲，秋江月澄澈。邻船有歌者，发调堪愁绝！歌罢继以泣，泣声通复咽。寻声见其人，有妇颜如雪。独倚帆樯立，娉婷十七八。夜泪似真珠，双双堕明月。借问谁家妇，歌泣何凄切？一问一沾襟，低眉终不说。"陈鸿在《长恨传序》中写道："白居易深谙作诗之道，是多情之人，所以他遇到什么事就寄托在诗歌中，并非有意猎取美色。"但他在鄂州所见的，也是一个女子独处，丈夫又不在家，这种嫌疑，唐代的人不议论他。现在诗人很少谈到这首诗，姑且把它再抄在这里。

韩苏文章譬喻

原 文

韩、苏两公为文章，用譬喻处，重复联贯，至有七八转者。韩公《送石洪序》云：“论人高下，事后当成败，若河决下流东注，若驷马驾轻车就熟路，而王良[1]、造父[2]为之先后也，若烛照数计而龟卜也。”《盛山诗序》云：“儒者之于患难，其拒而不受于怀也，若筑河堤以障屋霤[3]；其容而消之也，若水之于海，冰之于夏日；其玩而忘之以文辞也，若奏金石以破蟋蟀之鸣、虫飞之声。”苏公《百步洪》诗云“长洪斗落生跳波，轻舟南下如投梭。水师绝叫凫雁起，乱石一线争磋磨。有如兔走鹰隼落，骏马下注千丈坡。断弦离柱箭脱手，飞电过隙珠翻荷”之类是也。

注 释

① 王良：春秋时之善驭马者。

② 造父：古之善御者，赵之先祖，因献八骏幸于周穆王。

③ 屋霤：屋檐滴下的水。

译 文

韩愈、苏东坡两位写文章，用比喻的地方，重复连贯，以至于有七八次转换。韩愈《送石洪序》中写道："评价他人能力的高低，事后判断其成败，就像黄河决堤向下东流，就像驷马驾着轻车奔走在熟悉的道路上，而王良、造父在马前车后，就像明白了其中的运数计策然后再占卜一样。"《盛山诗序》写道："儒士对于患难，他拒绝而不放在心上，就如修筑河堤以阻碍屋檐上滴下来的水；他容纳而融化它，就如水流被大海容纳，冰被夏日融化；他把玩而通过文章来忘记忧患，就像敲击金石来破除蟋蟀的叫声、虫飞的声音一样。"苏东坡《百步洪》诗写"长洪斗落生跳波，轻舟南下如投梭。水师绝叫凫雁起，乱石一线争磋磨。有如兔走鹰隼落，骏马下注千丈坡。断弦离柱箭脱手，飞电过隙珠翻荷"之类，就是这样的比喻。

周武帝宣帝

原 文

周武帝平齐，中原尽入舆地[①]，陈国不足平也，而雅志节俭，至是愈笃。后宫唯置妃二人，世妇[②]三人，御妻[③]三人，则其下保林[④]、良使[⑤]辈，度不过数十耳。一传而至宣帝，奢淫酣纵，自比于天，广搜美女，以实后宫，仪同[⑥]以上女不许辄嫁，遂同时立五皇后。父子之贤否不同，一至于此！

注 释

① 舆地：《易·说卦》："坤为地……为大舆。"后遂以"舆地"指大地、土地。

② 世妇：宫中女官。《礼记·曲礼下》："天子有后，有夫人，有世妇，有嫔，有妻，有妾。"

③ 御妻：古代宫内女官名，位在世妇之下，也称女御、御女。

④ 保林：汉代宫中女官名。魏晋以下为东宫女官。

⑤ 良使：汉代宫女。

⑥ 仪同：即仪同三司。

译文

北周武帝平定北齐后，中原地区都成了他的国土，陈国还不足以平定，而他素来节俭，到了这个时候就更加笃实。后宫仅设置妃子二人，世妇三人，御妻三人，则其下的保林、良使等女官，估计也不过几十人而已。传了一代到他儿子宣帝时，就奢侈荒淫醉酒放纵，自比于天，广搜美女用来充实后宫，仪同三司官员以上的女儿不许随便出嫁，同时立有五个皇后。他们父子贤与不贤的差别，竟达到这种程度！

五代滥刑

原 文

五代之际，时君以杀为嬉，视人命如草芥，唐明宗颇有仁心，独能斟酌悛救。天成三年，京师巡检军使浑公儿口奏：有百姓二人，以竹竿习战斗之事。帝即传宣令付石敬瑭处置，敬瑭杀之。次日枢密使安重诲敷奏[1]，方知悉是幼童为戏。下诏自咎，以为失刑，减常膳十日，以谢幽冤；罚敬瑭一月俸；浑公儿削官、杖脊[2]、配流[3]登州；小儿骨肉，赐绢五十匹，粟麦各百硕，便令如法埋葬。仍戒诸道州府，凡有极刑，并须子细裁遣[4]。此事见《旧五代史》，《新书》去之。

注 释

① 敷奏：陈奏，向君上报告。

② 杖脊：以杖挞脊背，杖刑中最重的一种。

③ 配流：把罪人发配、流放到远地。

④ 裁遣：裁断处理。

译文

五代时期，当时的国君把杀人当作娱乐，把人命视作草芥，后唐明宗很有仁爱之心，唯独他能斟酌利害，援救他人。天成三年（928年），京城巡检军使浑公儿向皇上亲口奏说，有百姓二人，用竹竿演习战斗的事。皇上立即传令让石敬瑭处理这件事，石敬瑭就杀死了他们。第二天枢密使安重诲陈奏，才知道杀的是都是玩耍游戏的小孩。明宗下诏引咎自责，认为自己处理事情不当，减少自己日常的膳食十天，来向冤死的幽魂谢罪；扣罚石敬瑭一个月的俸禄；浑公儿被削去官职，杖击脊背，流配登州；对这两个小孩的亲属，赐给绢五十匹，粟米和麦各一百石，即令遵照适宜的方法埋葬。同时告诫各道州府，凡有酷刑，必须仔细裁断处理。这件事见于《旧五代史》，《新五代史》则删去了。

朱梁轻赋

原 文

朱梁之恶，最为欧阳公《五代史记》所斥詈。然轻赋一事，《旧史》取之，而《新书》不为拈出。其语云：“梁祖之开国也，属黄巢大乱之余，以夷门[1]一镇，外严烽候，内辟汙莱[2]，厉以耕桑，薄其租赋，士虽苦战，民则乐输，二纪之间，俄成霸业。及末帝与庄宗对垒于河上，河南之民，虽困于輂运，亦未至流亡。其义无他，盖赋敛轻而丘园可恋故也。及庄宗平定梁室，任吏人孔谦为租庸使，峻法以剥下，厚敛以奉上，民产虽竭，军食尚亏，加之以兵革，因之以饥馑，不四三年，以致颠陨。其义无他，盖赋役重而寰区失望故也。”予以事考之，此论诚然，有国有家者之龟鉴[3]也。《资治通鉴》亦不载此一节。

注 释

① 夷门：战国魏都城的东门，故址在今河南开封城内东北隅。因其在夷山之上，故名。

② 内辟汙莱：对内避免自然灾害和盗贼。

③龟鉴：比喻可供人对照学习的榜样或引以为戒的教训。鉴，镜子。

译文

朱温梁朝的罪恶，最为欧阳修先生的《五代史记》所斥责。然而朱梁主张减轻赋役一事，《旧五代史》中选择记录下来，《新五代史》中却没有写出来。《旧五代史》中记载："梁朝的先祖开国时，正处黄巢起义大乱之后，先祖凭借夷门一个城镇，对外要严密注意烽火台防止敌人侵犯，对内要避免自然灾害和盗贼，严格要求农民耕种，并减少他们的赋税，士兵虽然苦于战争，百姓们却乐于捐献，二十四年间，很快就成就了霸业。到了末帝和后唐庄宗两军对垒在黄河上时，黄河以南的民众，虽然被运输粮草搞得疲惫不堪，也没有出现流亡的。其中的道理并没有什么特殊的，赋税轻而且家乡故土值得留恋的缘故而已。到了庄宗平定后梁，任用吏人孔谦为租庸使，用严峻的刑法来盘剥下层民众，横征暴敛来侍奉上层达官显贵，民众的物产虽已竭尽，军队的粮饷却还匮缺，再加上战乱饥荒，不到三四年，国家就到了崩溃陨灭的边缘。这其中的道理没有什么特殊的，赋税劳役繁重而国中百姓失望的缘故罢了。"我用历史事实考察它，这种论断真实可信，这是国家的统治者应当借鉴的。《资治通鉴》里也没有记载这一节。

老子之言

原 文

《老子》之言，大抵以无为、无名为本，至于绝圣弃智。然所云："将欲歙之，必固张之；将欲弱之，必固强之；将欲废之，必固兴之；将欲夺之，必固与之。"乃似于用机械①而有心者。微言渊奥，固莫探其旨也。

注 释

① 机械：巧诈，机巧。《淮南子·原道训》："故机械之心，藏于胸中，则纯白不粹，神德不全。"

译 文

《老子》中的言论，大抵是以无为、无名为根本，以至于绝圣弃智。但是他所说的："想要收缩它，必先张开它；想要弱化它，必先加强它；想要废除它，必先振兴它；想要夺取它，必先给予它。"就好像是用机巧的方法谈君主如何控制臣下的。委婉的语言深奥难解，根本无法探明它的本旨。

桃源行

原文

陶渊明作《桃源记》云："源中人自言，先世避秦时乱，率妻子邑人来此绝境，不复出焉，乃不知有汉，无论魏、晋。"系之以诗曰："嬴氏[1]乱天纪[2]，贤者避其世。黄、绮之商山，伊人亦云逝。愿言蹑轻风，高举寻吾契。"自是之后，诗人多赋桃源行，不过称赞仙家之乐。唯韩公云："神仙有无何渺茫，桃源之说诚荒唐。世俗那知伪为真，至今传者武陵人。"亦不及渊明所以作记之意。按《宋书》本传云："潜自以曾祖晋世宰辅，耻复屈身后代。自宋高祖王业渐隆，不复肯仕。所著文章，皆题其年月。义熙以前，则书晋氏年号，自永初以来，唯云甲子而已。"故五臣注《文选》用其语。又继之云："意者耻事二姓，故以异之。"此说虽经前辈所记，然予切意桃源之事，以避秦为言。至云“无论魏、晋”，乃寓意于刘裕，托之于秦，借以为喻耳。近时胡宏仁仲一诗，屈折有奇味。大略云：“靖节先生绝世人，奈何记伪不考真？先生高步窘末代，雅志不肯为秦民。故作斯文写幽意，要似寰海离风尘。”其说得之矣。

注释

① 嬴氏：秦朝

② 天纪：上天之纪纲，借指国家法纪。

译文

陶渊明在《桃花源记》中写道：“桃花源中的人自己说，先代人为躲避秦时的战乱，率领妻子儿女和同邑的人来到这个绝境，不再出去，于是就不知有汉代，更不用说魏、晋了。”文后的诗写道：“嬴氏乱天纪，贤者避其世。黄、绮之商山，伊人亦云逝。愿言蹑轻风，高举寻吾契。”从此以后，诗人们多写以桃源行为题材的文章，文意不过是称赞仙家的欢乐。唯有韩愈的诗写道：“神仙有无何渺茫，桃源之说诚荒唐。世俗那知伪为真，至今传者武陵人。”这也没有接近陶渊明作《桃花源记》的本意。考察《宋书》本传上写道：“陶渊明因曾祖是晋朝宰辅，以屈身侍奉后面的朝代为耻辱。自宋高祖以来帝王的基业渐渐兴隆，他不肯再出来做官。他所写的文章，都写明年月。东晋安帝义熙以前，就写晋代的年号。自南朝武帝永初以来，只写干支而已。”所以五臣注《文选》时用这些话，又接着写道：“或许是耻于侍奉两个朝代，所以用来作区别。”这种说法虽然得到前辈的记载，但我认为桃花源的故事以逃避秦时战乱为表面的言辞。至于说“无论魏、晋”，这寓意是在刘裕，托名为秦，借以作为比喻罢了。现在的胡宏（字仁仲）的一首诗，曲折有奇妙的韵味。大概是：“靖节先生绝世人，奈何记伪不考真？先生高步窘末代，雅志不肯为秦民。故作斯文写幽意，要似寰海离风尘。”他的说法契合《桃花源记》的本旨。

汉文帝不用兵

原 文

《史记·律书》云："高祖厌苦军事，偃武休息[1]。孝文即位，将军陈武等议曰：'南越、朝鲜，拥兵阻阸，选蠕[2]观望。宜及士民乐用，征讨逆党，以一封疆。'孝文曰：'朕能任衣冠，念不到此。会吕氏之乱，误居正位，常战战栗栗，恐事之不终。且兵凶器，虽克所愿，动亦耗病，谓百姓远方何？今匈奴内侵，边吏无功，边民父子荷兵日久，朕常为动心伤痛，无日忘之。愿且坚边设候[3]，结和通使，休宁北陲，为功多矣。且无议军。'故百姓无内外之繇，得息肩[4]于田亩，天下富盛，粟至十余钱。"予谓孝文之仁德如此，与武帝黩武穷兵，为霄壤不侔矣。然《班史》略不及此事。《资治通鉴》亦不编入，使其事不甚暴白[5]，惜哉！

注 释

① 偃武休息：停息武备，不事战争。

②选蠕：指图谋作乱。《史记·律书》："南越、朝鲜自全秦时内属为臣子，后且拥兵阻阸，选蠕观望。"

③候：“堠”的古字。边境伺望、侦察敌情的设施，哨所，土堡。

④ 息肩：指休养生息。

⑤ 暴白：显扬。

译 文

《史记·律书》中写道：“汉高祖刘邦对军旅之事感到厌倦困苦，就偃旗息鼓，休养生息。孝文帝（刘恒）即位后，将军陈武等议论说：‘南越、朝鲜，聚集军队，扼守险隘，伺机观望图谋作乱。应该趁着人民乐于被用的时候，征讨逆党，来统一疆界。’孝文帝说：‘我实行礼教的政策，还考虑不到用兵。适逢吕氏作乱，使我谬居了帝位，我常战战兢兢，恐怕不会有好结果。况且军队是国家的凶器，虽然能达到自己的愿望，动用军队也会消耗国库损害百姓的利益，怎么让百姓看到未来的希望？现在匈奴侵犯内地，边防的官吏没有功劳，而边疆的民众守卫边疆已久了，我常常为他们感到伤心痛苦，没有一天忘记他们的处境。我希望暂且加固边防设置哨所，和他们结盟互通使节，使北方休兵安宁，这才是大的功德。暂不要考虑用兵。’因此百姓没有内外的徭役，得以休养生息，致力农耕，天下富强繁盛，粟米便宜到了十余钱一斗。”我认为孝文帝这样的仁德，和汉武帝的穷兵黩武，真有天壤之别。然而班固的史书全不提及这件事。《资治通鉴》也未编入，使这件事不能很好地宣扬于人，可惜啊！

曾皙待子不慈

原 文

传记所载曾皙待其子参不慈，至云因锄菜误伤瓜，以大杖击之仆地。孔子谓参不能如虞舜小杖则受，大杖则避，以为陷父于不义，戒门人曰：“参来，勿内[①]。”予切疑无此事，殆战国时学者妄为之辞。且曾皙与子路、冉有、公西华侍坐，有“浴乎沂，风乎舞雩”之言，涵泳圣教，有超然独见之妙，于四人之中，独蒙“吾与”之褒，则其为人之贤可知矣。有子如此，而几置之死地，庸人且犹不忍，而谓皙为之乎？孟子称曾子养曾皙酒肉养志，未尝有此等语也。

注 释

① 内：“纳”的古字，使进入。

译文

传记中记载，曾皙对儿子曾参不慈爱，以至于曾参因为锄菜误把瓜碰伤了，就用大杖打得他扑倒在地上。孔子评论曾参不能像虞舜那样，小杖就忍受，大杖就逃避，结果使得他父亲陷于不仁义的境地，并告诫守门人说：“曾参来了不要让他进来。”我私下怀疑这件事大概是战国时的人胡乱写的。况且曾皙和子路、冉有、公西华侍坐时，能说出“浴乎沂，风乎舞雩”的话，他能深入领会圣人的教诲，达到超凡脱俗、有自己独到见解的妙境。在四个人中，唯独他蒙受孔子“吾与（我赞同）”的褒奖，那么他为人的贤良就由此可见了。能有这样好的儿子，却差点把他置于死地，普通的人尚且不忍心，难道曾皙会这样做吗？孟子说曾子奉养曾皙是酒肉养志，我认为不曾有这样的话。

人当知足

原 文

予年过七十，法当致仕，绍熙之末，以新天子临御，未敢遽有请，故玉隆满秩①，只以本官职居里。乡衮②赵子直不忍使绝禄粟，俾之，因任③，方用赘食太仓④为愧，而亲朋谓予爵位不逮二兄，以为耿耿。予诵白乐天《初授拾遗》诗以语之曰："奉诏登左掖，束带参朝议。何言初命卑，且脱风尘吏。杜甫、陈子昂，才名括天地。当时非不遇，尚无过斯位。"其安分知足之意，终身不渝。因略考国朝以来，名卿伟人负一时重望而不脐大用者，如王黄州禹偁、杨文公億、李章武宗谔、张乖崖咏、孙宣公奭、晁少保迥、刘子仪筠、宋景文祁、范蜀公镇、郑毅夫獬、滕元发甫、东坡先生、范淳父祖禹、曾子开肇、彭器资汝砺、刘原甫敞、蔡君谟襄、孙莘老觉，近世汪彦章藻、孙仲益觌，诸公皆不过尚书学士，或中年即世，或迁谪流落，或无田以食，或无宅以居，况若我忠宣公者，尚忍言之！则予之忝窃亦已多矣。

注 释

① 满秩：秩满。官吏任期结束。

② 乡衮：乡绅。

③ 因任：指沿袭旧职。

④ 赘食太仓：指无功受禄。

译 文

我年过七十岁了，依法应当退休，绍熙末年，因新天子登基，不敢急着请求告老还乡，因此等新帝登基就绪之后，我才以原职退居乡里。乡绅赵子直不忍心让我断绝俸禄粮饷，就让我沿袭旧职的俸禄，我因此为无功受禄而惭愧，而亲朋好友也说我爵位赶不上二位兄长（而受到这样的待遇），因此耿耿于怀。我就朗诵白居易《初授拾遗》诗来回答他们：“奉诏登左掖，束带参朝议。何言初命卑，且脱风尘吏。杜甫、陈子昂，才名括天地。当时非不遇，尚无过斯位。”白居易的安分知足的生活态度，终身不改。于是我大略考察了大宋以来的历史，发现有许多公卿伟人虽一时负载重望，但未受到重用。如黄州王禹偁、文公杨亿、李宗谔、张咏、孙奭、晁迥、刘筠、宋祁、范镇、郑獬、滕甫、苏东坡、范祖禹、曾肇、彭汝砺、刘敞、蔡襄、孙觉，近世的汪藻、孙觌，以上诸位都没有获得超过尚书学士的职位，有的中年去世，有的被贬官迁地，流落异乡，有的没有田地吃不上饭，有的没有房子可住，至于我先父忠宣公的遭遇，我就不忍说了。和他们相比我的贪婪窃取已经太多了。

渊明孤松

原文

渊明诗文率皆纪实，虽寓兴花竹间亦然。《归去来辞》云：“景[①]翳翳[②]以将入，抚孤松而盘旋。”其《饮酒诗》二十首中一篇云：“青松在东园，众草没其姿。凝霜殄异类，卓然见高枝。连林人不觉，独树众乃奇。”所谓孤松者是已，此意盖以自况[③]也。

注释

① 景：指太阳。

② 翳翳：晦暗不明的样子。

③ 自况：自比。

译文

陶渊明的诗文大都是纪实之作，即使是寄兴在花竹之间的作品也是如此。如《归去来兮辞》中写道：“景翳翳以将入，抚孤松而盘旋。”他的《饮酒诗》二十首中有一首写道：“青松在东园，众草没其姿。凝霜殄异类，卓然见高枝。连林人不觉，独树众乃奇。”这正是“抚孤松而盘旋”的“孤松”了，这是用孤松来自比的。

杯水救车薪

原 文

孟子曰："仁之胜不仁也，如水胜火，今之为仁者，犹以一杯水救一车薪之火也，不熄，则谓之水不胜火。"予读《文子》，其书有云："水之势胜火，一勺不能救一车之薪；金之势胜木，一刃不能残一林；土之势胜水，一块不能塞一河。"文子，周平王时人，孟氏之言盖本于此。

译 文

孟子说："仁义胜过不仁义，就像水胜过火，现在实行仁义的人，好比拿一杯水去浇一车柴火燃烧起来的火，浇不灭，就说水不能胜过火。"我读《文子》，这本书中写道："水的势力能够胜过火，但一勺水不能浇灭一车柴火燃烧的火；金属的势力能够胜过木，但一把刀不能毁坏一片树林；土的势力能够胜过水，但一块土不能堵塞一条河。"文子是周朝平王时期的人，孟子的话大概是本源于这里。

神臂弓

原 文

神臂弓出于弩遗法，古未有也。熙宁元年，民李宏始献之入内，副都知张若水方受旨料简[①]弓弩，取以进。其法以檿木为身，檀为弰，铁为蹬子枪头，铜为马面牙发，麻绳札丝为弦，弓之身三尺有二寸，弦长二尺有五寸，箭木羽长数寸，射二百四十余步，入榆木半笴[②]。神宗阅试，甚善之。于是行用，而他弓矢弗能及。绍兴五年，韩世忠又侈大其制，更名“克敌弓”，以与金虏战，大获胜捷。十二年词科试日，主司出《克敌弓铭》为题云。

注 释

① 料简：清理检查，清点察看。

② 笴：杆。

译 文

神臂弓出自遗留下来的制弩方法，古代没有。熙宁元年（1068年），百姓李宏才开始献给内廷，副都知张若水刚好接到皇上旨意

清点查看弓弩，就把它取来呈上去。它制作的方法是用山桑木为弩身，檀木为弓的末端，铁为蹬子枪头，铜为马面形的弩牙，麻绳扎上丝为弦，弓身三尺二寸，弦长二尺五寸，箭木羽长数寸，能射二百四十余步，射入榆木能没入半个箭杆。神宗检阅试验，很认可它。于是推行应用，而其他的弓箭赶不上它。绍兴五年（1135年），韩世忠又推广了它的制作，改名为“克敌弓”，用来和金人作战，大获全胜。绍兴十二年（1142年），在同科考试日，主考官出了以《克敌弓铭》为题的试卷。

多赦长恶

原 文

熙宁七年旱，神宗欲降赦，时已两赦矣。王安石曰：“汤旱，以六事自责，曰政不节与？若一岁三赦，是政不节，非所以弭灾也。”乃止。安石平生持论务与众异，独此说为至公。近者六年之间，再行覃霈①。婺州富人卢助教，以刻核②起家，因至田仆之居，为仆父子四人所执，投置杵臼内，捣碎其躯为肉泥，既鞫治③成狱，而遇己酉赦恩获免。至复登卢氏之门，笑侮之，曰：“助教何不下庄收谷？”兹事可为冤愤，而州郡失于奏论。绍熙甲寅岁至于四赦，凶盗杀人一切不死，惠奸长恶，何补于治哉？

注 释

① 覃霈：值国家庆典而降的恩泽。霈，盛雨，喻恩泽。

② 刻核：苛刻。

③ 鞫治：审问定罪。

译文

宋神宗熙宁七年（1074年）大旱，神宗想发布减罪和赦免的政令，当时已经有两次大赦了。王安石建议：“商汤遇到旱灾，汤王用六件事情没办好来自责，责问自己是不是政令不适当。现在您如果一年三次大赦也是政令不适当，这不是消除灾难的方法。”于是神宗就停止了大赦的政令。王安石平生的主张务求与众不同，唯独这条建议特别公允。最近六年之间，两次实行大赦。婺州有个富人叫卢助教，以苛刻盘剥起家，因为到了佃户的家里，被佃户父子四人捉住，投进了石臼内，把他的躯体捣碎成了肉泥，已经把这父子四人审问定罪投进大牢了，他们因遇到己酉年的大赦而被免罪释放。他们出来后竟又登上卢氏的家门，嘲笑侮辱说：“卢助教为何不到庄里收谷子呢？”这件事太让人气愤了，州郡的官员却没有向朝廷呈报。光宗绍熙甲寅年，一年之内居然有连续四次大赦，凶恶的盗贼和杀人犯都没有判处死刑，这种政令只能助长邪恶，对于治理国家有什么益处呢？

四笔

孔庙位次

原 文

自唐以来，相传以孔门高弟颜渊至子夏为十哲①，故坐祀于庙堂上。其后升颜子配享②，则进曾子于堂，居子夏之次以补其阙。然颜子之父路、曾子之父点，乃在庑下从祀之列，子处父上，神灵有知，何以自安？所谓子虽齐圣，不先父食，正谓是也。又孟子配食与颜子并，而其师子思、子思之师曾子亦在下。此两者于礼、于义，实为未然，特相承既久，莫之敢议耳。

注 释

① 十哲：指十位或十数位德才出众者或某一方面突出的名人。指孔子的十个弟子：颜渊、闵子骞、冉伯牛、仲弓、宰我、子贡、冉有、季路、子游、子夏。

② 配享：享通“飨”。合祭；袝祀。指孔子弟子或历代名儒袝祀于孔庙。

译 文

自唐朝以来，相传以孔子的高徒颜渊到子夏十个人为十哲，所以他们也被排次坐在孔庙的正堂上接受祭祀。后来升颜渊到孔子身边祔祀，把曾子补进去坐祀正堂，放在子夏后面，来补上空缺。然而颜渊的父亲颜路、曾子的父亲曾点，都排列在正堂下的走廊陪祭，儿子位居父亲之上，如果他们的神灵有知，怎么会心安呢？所谓儿子虽在圣人之列，不先于父亲受祭，说的正是这个道理。再者，孟子在孔庙陪祀受祭和颜子并列，而孟子的老师子思、子思的老师曾子的位置也排在孟子下面。这两种情况，从礼法道义上都说不过去，只是沿袭已久，没有人敢提出异议罢了。

诏令不可轻出

原 文

人君一话一言不宜轻发，况于诏令形播告者哉！汉光武初即位，既立郭氏为皇后矣，时阴丽华为贵人，帝欲崇以尊位，后固辞，以郭氏有子，终不肯当。建武九年，遂下诏曰："吾以贵人有母仪①之美，宜立为后，而固辞不敢当，列于媵妾②。朕嘉其义让，许封诸弟。"乃追爵其父及弟为侯，皆前世妃嫔所未有。至十七年，竟废郭后及太子强，而立贵人为后。盖九年之诏既行，主意移夺，已见之矣。郭后岂得安其位乎？

注 释

① 母仪：人母的仪范，多用于皇后。

② 媵妾：指姬妾。

译 文

君主的每一句话都不应该轻易地发出，何况以诏书命令的形式传播告示于四方呢！东汉光武帝刚即位时，就已经册立郭氏为皇后了，当时阴丽华为贵人，光武帝想抬高她到皇后的尊位，阴氏坚决谢辞。因为郭氏有了儿子，阴氏终究不肯做皇后。建武九年（33年），光武帝于是下诏说：“我认为贵人阴丽华有母仪天下的美德，应该立她为皇后，但她坚决谢辞不敢当皇后，而甘愿列在姬妾之间。我嘉许她的谦让，准许册封她的各位弟弟为官。”于是追赠她的父亲和弟弟为侯爵，这是以前的嫔妃中未曾有的。到了建武十七年（41年），光武帝竟然废去了郭皇后和太子强，而册立贵人阴丽华为皇后。建武九年诏令既已实行，而现在又册立阴丽华为后，君主的心思转移，由此可见了。郭皇后怎么能够安保皇后之位呢?

鬼谷子书

原 文

鬼谷子与苏秦、张仪书曰："二足下功名赫赫，但春华至秋，不得久茂。今二子好朝露之荣，忽长久之功；轻乔、松之永延，贵一旦之浮爵，夫女爱不极席，男欢不毕轮，痛哉夫君！"《战国策》楚江乙谓安陵君曰："以财交者，财尽而交绝；以色交者，华落而爱渝[①]。是以嬖女不敝席，宠臣不敝轩。"吕不韦说华阳夫人曰："以色事人者，色衰而爱弛[②]。"《诗·氓》之序曰："华落色衰，复相弃背。"是诸说大氐意同，皆以色而为喻。士之嗜进而不知自反[③]者，尚监兹哉！

注 释

① 渝：变更，改变。《诗·郑风·羔裘》："彼其之子，舍命不渝。"

② 色衰爱弛：指因容颜衰老而失去宠爱。《韩非子·说难》："弥子色衰爱弛，得罪于君。"

③ 自反：自止。

译文

鬼谷子给苏秦和张仪的信上写道：“你们二位功名盛大，但春花到了秋天，就不可能长久繁盛。现在你们两个喜欢早晨露水一样短暂的荣誉，而忽略了建立长久功业的想法；轻视乔、松声名之久垂，看重一时的浮华爵位。大凡女子的爱情不会延续到席子被磨损，男子的爱情也持续不到车辆被磨破。你们俩让人痛心啊！”《战国策》中记载楚国江乙曾对安陵君说：“以钱财为基础来交朋友的人，钱财用尽了交情也就断绝了；以容貌为基础来交朋友的人，容貌衰败了宠爱也就流逝了。所以得宠的姬妾被宠的时间不会持续到席子坏掉，得宠的臣子所受到的宠爱的时间也不会持续到窗户坏掉。”吕不韦游说华阳夫人说：“以美色侍奉人的人，容貌衰老了宠爱就消失了。”《诗经·氓》的序中写道：“女子容貌衰竭，就会被抛弃背叛。”这上面的说法大抵意思相同，都是以女人的美色为比喻。士人贪图荣华富贵而不知自我反省的，都是还没有以此为鉴啊！

城狐社鼠

原 文

城狐不灌，社鼠不熏。谓其所栖穴者得所凭依，此古语也，故议论者率指人君左右近习[①]为城狐社鼠。予读《说苑》所载孟尝君之客曰："狐者人之所攻也，鼠者人之所熏也。臣未尝见稷狐[②]见攻，社鼠见熏，何则？所托者然也。""稷狐"之字，甚奇且新。

注 释

① 近习：指君主宠爱亲信的人。

② 稷狐：栖于稷庙中的狐。比喻仗势作恶而又难以除掉的坏人。

译 文

城狐不值得水灌，社鼠不值得烟熏。是说它们凭借所栖身的洞穴有恃无恐，这是古代的谚语，所以议论的人都把君王身边宠爱的小人比作城狐社鼠。我读《说苑》上面记载的孟尝君的门客说：

“狐是人们所猎捕的东西，鼠是人们所熏杀的东西。但我未尝见到稷狐被猎捕，社鼠被烟熏，这是为什么呢？因为它们所依附的东西使它们可以这样。”“稷狐”这个词，很奇特而且新颖。

李太白怖州佐

原 文

李太白《上安州裴长史书》云："白窃慕高义，得趋末尘，何图谤言忽生，众口攒毁，将恐投杼①下客，震于严威。若使事得其实，罪当其身，则将浴兰②沐芳，自屏于烹鲜③之地，惟君侯死生之。愿君侯惠以大遇，洞开心颜，终乎前恩，再辱英盼，必能使精诚动天，长虹贯日。若赫然作威，加以大怒，即膝行而前，再拜而去耳。"裴君不知何如人，至誉其贵而且贤，名飞天京，天才超然，度越作者，棱威雄雄，下慑群物。予谓白以白衣入翰林，其盖世英姿，能使高力士脱靴于殿上，岂拘拘然怖一州佐者邪？盖时有屈伸，正自不得不尔，大贤不偶，神龙困于蝼蚁，可胜叹哉！白此书自叙其平生云："昔与蜀中友人吴指南，同游于楚，指南死于洞庭之上，白襌服④恸哭，炎月伏尸，猛虎前临，坚守不动，遂权殡于湖侧。数年来，观筋骨尚在，雪泣持刃，躬申洗削，裹骨徒步，负之而趋，寝兴携持，无辍身手，遂丐贷营葬于鄂城。”其存交重义如此。“又与逸人东岩子隐于岷山，巢居数年，不迹城市。养奇禽千计，呼皆就掌取食，了无惊猜。”其养高忘机如此。而史传不为书之，亦为未尽。

注 释

① 投杼：比喻谣言众多，动摇了对最亲近者的信心。

② 浴兰：浴于兰汤，即用香草水洗澡。

③ 烹鲜：比喻治国便民之道，亦比喻政治才能。

④ 禫服：指禫祭至吉祭之间的丧期。服，服丧。

译 文

李白《上安州裴长史书》中说：“我倾慕您那高尚正义的德行，才追随您，不想诽谤的言辞忽然起来，大家一起诋毁我，我害怕您动摇了对我的信任而震动您的威势驱逐我。如果谣言属实，所指控的罪行符合，我就会焚香沐浴，自行退隐并任凭您处置。希望您能施与恩惠，展颜息怒，使以前的恩德能够善始善终，再次给予我关照，必定能使精诚感动天地，达到长虹贯日的程度。如果您赫然显示威严，勃然大怒，我便立即跪行到您面前，再向您施礼而离开罢了。”裴长史不知是怎样的人，以至李白赞誉他高贵而且贤明，名声广播京城，天才超然世俗，超越李白，雄雄威风，震慑众人。我认为李白以平民的身份进入翰林院，他盖世的英姿，能让高力士在宫殿上为他脱靴子，岂能局促地害怕一州长官的副手呢？大概当时他正处在逆境中，不得不这样，大贤人命运不好就像神龙被

蝼蚁所困，真令人感叹啊！李白在这封书信中自述自己的生平说：“昔日我和四川友人吴指南，一同到楚地旅行，吴指南死在洞庭湖上，我穿上丧服痛哭，炎热的季节我伏在尸体上，猛虎来到面前，我也坚守不动，后来只好把好友的尸体权且葬在湖边。几年后我又来到他墓前，看到他的遗骸尚在，便流着泪手持刀刃，亲自洗涤整理，包裹好他的尸骨背在背上徒步而行，昼夜随身带着不离身，后来向人借贷把他葬在了鄂城。”李白对待朋友重视友谊达到如此境地。其中又说：“又和隐士东岩子在岷山隐居了几年，不去城里。他养珍奇飞禽数以千计，一招呼全都飞到手掌上来吃食，对人没有任何猜疑惊吓。”他培养高尚的操守忘记世上的机诈就像这样。而史书上却没记载这些事，也算是不完备的。

祝不胜诅

原 文

齐景公有疾，梁丘据请诛祝史[①]。晏子曰："祝有益也，诅[②]亦有损。聊、摄以东，姑、尤以西，其为人也多矣。虽其善祝，岂能胜亿兆人之诅？"晋中行寅将亡，召其太祝欲加罪。曰："子为我祝，斋戒不敬，使吾国亡。"祝简对曰："今舟车[③]饰，赋敛厚，民怨谤诅多矣。苟以为祝有益于国，则诅亦将为损，一人祝之，一国诅之，一祝不胜万诅，国亡不亦宜乎，祝其何罪？"此二说若出一口，真药石[④]之言也。

注 释

① 祝史：祝官、史官的合称。

② 诅：诅咒，咒骂。

③ 舟车：船和车。

④ 药石：比喻规戒。

译文

齐景公患了病，梁丘据请求诛杀祝史官。晏子就说：“如果祝福对人有好处的话，那么诅咒也会对人有损害。在聊、摄以东，姑水、尤水以西地区诅咒的人太多了。即使这里善于祝福的祝史，也不能胜过亿万人的诅咒啊！”晋国中行寅快要死的时候，召来他的太祝官，要加罪于他。中行寅说：“你是我的太祝官，斋戒时心存不敬，致使我的国家面临危亡。”太祝简回答说：“现在国家的船和车都装饰得非常华丽，赋收繁重，百姓怨恨诽谤诅咒的多了。如果认为祝福有益于国家，那么诅咒也将损害国家，一个人祝福，一国人却诅咒，一人的祝福抵不过万人的诅咒，这样国家的灭亡不也是能说得通的吗？太祝官有什么罪过呢？”这两种说法好像出于一张嘴，真是药石一样的规诫之言啊。

吕子论学

原 文

吕子曰："天生人而使其耳可以闻，不学，其闻则不若聋；使其目可以见，不学，其见则不若盲；使其口可以言，不学，其言则不若喑；使其心可以智，不学，其智则不若狂[①]。故凡学，非能益之也，达天性也，能全天之所生，而勿败之，可谓善学者矣。"此说甚美，而罕为学者所称，故书以自戒。

注 释

① 狂：疯癫，精神失常。《史记·扁鹊仓公列传》："后三日而当狂，妄起行，欲走。"

译 文

《吕氏春秋》上说："天生人而使他的耳朵可以听，不学习，他的见闻还不如聋子；使他的眼睛可以看见，不学习，他的见识还不如瞎子；使他的嘴可以说话，不学习，他的言论还不如哑巴；使他的心可以思考，不学习，他的智力还不如疯癫的人。因此学习，并非能使人增加什么，但可使人天性发挥作用，并能保全人的天赋，不废弃它，就可说是善于学习的人了。”这种论说很好，却很少被学者称道，因此写在这里用来自我劝诫。

治药捷法

原 文

药有至贱易得，人所常用，而难于修制者，如香附子、菟丝子、艾叶之类。医家昧[1]其节度，或终日疲劳而不能成。《本草》云：“凡菟丝子，暖汤淘汰去沙土，漉[2]干，暖酒渍，经一宿，漉出，暴微白，捣之，不尽者，更以酒渍，经三五日乃出，更晒微干，捣之须臾悉尽，极易碎。”盖以其颗细难施工，其说亦殊劳费。然自有捷法，但捻纸条数枚置其间，则驯帖成粉。香附子洗去皮毛，炒之焦熟，然后举投水钵内，候浸渍透彻，漉出，暴日中微燥，乃入捣臼，悉应手糜碎。艾叶柔软不可着力，若入白茯苓三五片同碾，则即时可作细末。

注 释

① 昧：迷乱，惑乱。

② 漉：液体往下流。

译文

药物中有极不值钱且容易得到，是人们所常用的，但却难以制作，如香附子、菟丝子、艾叶这类药物。医生不知道制作的方法，有的终日劳苦却不能制成。《本草》上说：“大凡菟丝子的制作，是用热水洗去沙土，滤干，温酒浸泡，经过一晚上，再滤出，晒到微白色，捣烂，捣不烂的再次用酒浸泡，经过三五天再滤出，再晒到微干，捣一会儿就全烂了，极容易碎。”因为菟丝子颗粒细小难以加工，这种制作方法也很花费精力。但是，也有简捷的方法，只要捻纸条几枚放置其中，它们就很容易成粉。香附子的制作方法是先洗去皮毛，把它炒到焦熟，然后全部放进水盆里，等到泡透，滤出，中午暴晒到微干，就放在石臼中，全都随手一捣就碎。艾叶柔软不可下力气把它弄碎，如果加进白茯苓三五片一同碾磨，就能即刻变成细末。

燕非强国

原 文

北燕在春秋时最为僻小，能自见于中国者，不过三四，大率制命于齐。七雄之际，为齐所取，后赖五国之力，乐毅为将，然后胜齐，然卒于得七十城不能守也。故苏秦说赵王曰：“赵北有燕，燕固弱国，不足畏也。”燕王曰：“寡人国小，西迫强秦，南近齐、赵，齐、赵强国也。”又曰：“天下之战国七，而燕处弱焉，独战则不能，有所附则无不重。”昭王谓郭隗曰：“孤极知燕弱小，不足以报齐。”苏代曰：“一齐之强，燕犹不能支。”奉阳君曰：

“燕弱国也，东不如齐，西不如赵。”赵长平之败，壮者皆死，燕以二千乘攻之，为赵所败。太子丹谓荆轲曰：“燕小弱，数困于兵，何足以当秦？”楚、汉之初，赵王武臣为燕军所得，赵厮养卒谓其将曰："一赵尚易燕，况以两贤王，灭燕易矣。"彭宠以渔阳叛，即时夷灭。十六国之起，戎狄乱华，称燕称赵者多矣，未尝有只据幽、蓟之地者也。独安禄山以三十年节制之威，又兼领河东，乘天宝政乱，出不意而举兵，史思明继之，虽为天下之祸，旋亦殄灭。至于藩镇擅地，所谓范阳、卢龙，固常受制于天雄、成德也。刘仁恭、守光父子，僭窃一方，唐庄宗遣周德威攻之，克取巡属①十余州，如拾地芥。石晋割赂契丹，仍其旧国，恃以为强，然晋开运阳城之战，德光几不免。周世宗小振之，立下三关。但太平兴国，失于轻举，又不治败将丧师之罪，致令披猖②以迄于今。若以谓幽燕为用武之地，则不然也。

注 释

① 巡属：指统属的地方。

② 披猖：亦作"披昌"，猖獗，猖狂。

译 文

北边的燕国在春秋时期最为偏僻狭小，能够在中原各国面前展现自己的时候，才不过三四次，大抵命运受齐国掌控。七国争雄之时，被齐国攻取，后来依赖五国的力量，乐毅为主将，这样才战胜齐国，然而终于得到齐国七十座城池却不能守住。所以苏秦在游说赵王时说："赵国北面有燕国，燕国本来就是弱国，不值得畏惧。"燕王说："我们燕国是小国，西面逼近强大的秦国，南面临近齐国、赵国，齐国、赵国都是强国。"又说："天下征战的国家有七个，而燕国处在最弱小的位置，不能独自作战，如果依附某一国则那一国的实力没有不强大的。”燕昭王对郭隗说：“我非常清楚燕国的弱小，不能够对抗齐国。”苏代说：“一个齐国的强大，燕国犹且不能支撑。”奉阳君说：“燕国是弱国，东面不如齐国，西面不如赵国。”赵国长平大败，强壮的人都死了，燕国以二千乘战车攻打它，却被赵国击败。燕太子丹对荆轲说：“燕国弱小，多次被围困，怎么能够抵挡秦国？”楚汉之争的初年，赵王武臣被燕军俘获，赵国干杂役的奴仆对燕将说：“一个赵国尚且轻视燕国，何况又有张耳、陈馀两位贤王，消灭燕国太容易了。”彭宠据守渔阳叛乱，即刻被平定。十六国兴起时，戎狄外族扰乱中华，国号叫燕叫赵的多了，却不曾有只占据幽州、蓟州的土地（而能长存）的。唯独安禄山靠着三十年管辖的威望，又兼任河东节度使，趁着天宝年间政治混乱，出其不意地起兵叛乱，史思明继他之后起兵，虽然成为天下的祸患，但不久也被灭亡了。至于说藩镇在地方擅权，所谓的范阳军、卢龙军，本来就常常受制于天雄军、成德军。刘仁恭、刘守光父子，窃据一方土地，唐庄宗派遣周德威攻打他们，击败夺取了他们下属的十多个州，就像从地上捡起一根草茎一样容易。石敬瑭分割土地贿赂契丹，得以继续保有旧国，依靠契丹自认为强大，然而后晋开运元年（944年）间的阳城之战，辽太宗耶律德光几乎被俘。周世宗小小地创击了燕地，短时间内攻下了三道关隘。但是宋朝太平兴国年间，由于轻率地发动进攻，又不惩罚打败仗的将领犯的溃败的罪过，致使辽、金猖狂至今。如果说幽燕地区是有利的战争根据地，其实并不是这样的。

水旱祈祷

原文

海内雨旸①之数②，郡异而县不同，为守为令，能以民事介心，必自知以时祷祈，不待上命也。而省部循案故例，但视天府为节，下之诸道转运司，使巡内州县，各诣名山灵祠，精洁致祷，然固难以一概论。乾道九年秋，赣、吉连雨暴涨。予守赣，方多备土囊，壅诸城门，以杜水入，凡二日乃退。而台符令祷雨，予格③之不下，但据实报之。已而闻吉州于小厅设祈晴道场，大厅祈雨。问其故，郡守曰："请霁者，本郡以淫潦为灾，而请雨者，朝旨也。"其不知变如此，殆为侮威神天，幽冥之下，将何所据凭哉？《俚语笑林》谓："两商人入神庙，其一陆行欲晴，许赛以猪头，其一水行欲雨，许赛羊头。神顾小鬼言：'晴干吃猪头，雨落吃羊头，有何不可。'"正谓此耳。坡诗云："耕田欲雨刈欲晴，去得顺风来者怨。若使人人祷辄遂，造物应须日千变。"此意未易为庸俗道也。

注 释

① 雨旸：指雨天和晴天。《魏书·天象志三》：“皆雨旸失节，万物不成候也。”

② 数：规律，必然性。

③ 格：搁置，阻隔。

译 文

天下旱涝的运数，各郡县的情况都不相同，作为郡守县令，能把百姓的事放在心里，一定会知道根据具体情况祈祷，不必等待上级的命令。而中央政府遵循惯例，只以京城的情况为标准，下令到各路转运司，让他们巡视所辖州县，各去拜访名山和灵验的神社，以精致洁净的祭品进行祈祷，然而本来就难以一概而论。乾道九年（1173年）秋天，赣州、吉州连降大雨，河水暴涨。我在赣州做长官，正多置备土袋，堵塞各个城门，以防止洪水进入，经过两天洪水才退去。而上司命令求雨，我搁置命令不下发，只把具体情况上报。不久听说吉州的官员在小厅内设祈晴的道场，在大厅内设祈雨的道场。问他们原因，郡守说：“请求晴天，是本郡正因大雨成灾；而请求下雨，是朝廷的旨意。”他们不知道变通就像这样，这样做就是侮辱迷惑上天，幽冥之下的神灵将以哪个为凭据呢？《俚语笑林》有个故事说：“两个商人进入神庙，其中一位要在陆地步行就想要晴天，许诺用猪头酬报，另一位要坐船就想要下雨，许诺用羊头酬报。神对小鬼说：‘晴天吃猪头，下雨吃羊头，有何不可！’”正是说的这种情况。苏轼的诗写道：“耕田欲雨刈欲晴，去得顺风来者怨。若使人人祷辄遂，造物应须日千变。”其中的意思很难跟平庸的人说明白。

栾城和张安道诗

原 文

张文定公在蜀，一见苏公父子，即以国士[1]许之。熙宁中，张守陈州南都，辟子由莫府。元丰初，东坡谪齐安，子由贬监筠酒税，与张别，张凄然不乐，酌酒相命，手写一诗曰："可怜萍梗飘蓬客，自叹匏瓜老病身。从此空斋挂尘榻，不知重扫待何人？"后七年，子由召还，犹复见之于南都。及元符末，自龙川还许昌，因侄叔党出坡遗墨，再读张所赠诗，其薨已十年，泣下不能已，乃追和之曰："少年便识成都尹，中岁仍为幕下宾。待我江西徐孺子，一生知己有斯人。"两诗皆哀而不怨，使人至今有感于斯文。今世薄夫[2]受人异恩，转眼若不相识，况于一死一生，卷卷如此，忠厚之至，殆可端拜也。

注 释

① 国士：一国中才能最优秀的人物。

② 薄夫：刻薄的人。

译文

张文定公（张方平）在蜀地，一见到苏洵父子，就赞许他们是国中第一流的人物。熙宁年间，张方平在陈州南都做郡守，征辟子由（苏辙）做幕僚。元丰初年，东坡（苏轼）被贬官到黄州，子由被贬为监筠酒税，与张方平告别。张方平郁郁不乐，把酒对酌，亲手写下一首诗：“可怜萍梗飘蓬客，自叹匏瓜老病身。从此空斋挂尘榻，不知重扫待何人？”过了七年，子由被召回京，又在南都与张方平见面。等到元符末年，子由自龙川回许昌，通过侄子苏叔党出示的苏轼的手稿，再次读到张方平所赠的诗，这时距离张方平去世已十年了，子由泪流不止，便写诗追和道：“少年便识成都尹，中岁仍为幕下宾。待我江西徐孺子，一生知己有斯人。”这两首诗都写得哀伤而不怨恨，使人至今读了依然感动。现在世上刻薄的人受人恩惠，转眼间就像不认识了一样，何况一个死了一个还活着，活着的对死者还这样热诚，这种忠厚到极致的品行，真应该让人整理衣服致敬。

饶州风俗

原 文

嘉祐中，吴孝宗子经者，作《馀干县学记》，云：“古者江南不能与中土等，宋受天命，然后七闽二浙与江之西东，冠带《诗》《书》，翕然大肆，人才之盛，遂甲于天下。江南既为天下甲，而饶人喜事，又甲于江南。盖饶之为州，壤土肥而养生之物多，其民家富而户羡，蓄百金者不在富人之列。又当宽平无事之际，而天性好善，为父兄者，以其子与弟不文为咎；为母妻者，以其子与夫不学为辱。其美如此。”予观今之饶民，所谓家富户羡，了非昔时，而高甍巨栋连阡亘陌者，又皆数十年来寓公①所擅，而好善为学，亦不尽如吴记所言。故录其语以寄一叹。

注 释

① 寓公：古指失其领地而寄居他国的贵族，后凡流亡寄居他乡或别国的官僚、士绅等都称“寓公”。

译 文

嘉祐年间，吴孝宗作了《馀干县学记》，上面写道："在古代，江南地区是不能和中原地区相比的。我大宋接受天命后，七闽（今福建）、二浙（浙东、浙西，今浙江），及大江东西（今长江西下游南北两岸的地区），诗书礼仪的风尚忽然大兴，人才的昌盛，天下第一。江南已居全国之首，而饶州又在江南中居于首位。大概由于饶州这个州土壤肥沃，生长的动植物繁多，当地的人民家家富足有剩余，积蓄在百金的都不在富人之列。又正值天下太平没有战乱，饶州人天性好善。做父亲、兄长的，往往把自己的儿子、兄弟没有文化认为是有罪的。做母亲、妻子的，以自己的儿子不学习文化为耻。它风俗的美好就像这样！"我看现在饶州的人民，所谓的"家家富足有剩余"，已不是昔日的面貌。高楼大厦，阡陌纵横，都是近几十年来搬到这里的人所据有的。好善好学的风气，也不全像吴孝宗所记录的那样。因此记录下他的话，来寄托我的感叹。

徙木偾表

原 文

商鞅变秦法，恐民不信，乃募民徙三丈之木而予五十金。有一人徙之，辄予金，乃下令。吴起治西河，欲谕其信于民，夜置表[①]于南门之外，令于邑中曰："有人能偾[②]表者，仕之长大夫。"民相谓曰："此必不信。"有一人曰："试往偾表，不得赏而已何伤？"往偾表，来谒吴起，起仕之长大夫。自是之后，民信起之赏罚。予谓鞅本魏人，其徙木示信，盖以效起，而起之事不传。

注 释

① 表：标木，标记。《管子·君臣上》："犹揭表而令之止也。"

② 偾：倾覆，仆倒。《左传·隐公三年》："庚戌，郑伯之车偾于济。"

译 文

商鞅变革秦国的法律，担心老百姓不相信自己，于是招募老百姓许诺如果有人能移走三丈高的木杆就给他五十金。有一个人移走了木杆，商鞅便把黄金给了他，然后下令变法。吴起治理西河地区，准备向老百姓表明他讲信用，夜间就在南门外设置了一根测时间的标杆，并在城中下令说：“谁能把标杆放倒，我就让谁担任长大夫的官职。”百姓们彼此议论说：“这项命令必定不能兑现。”有一个人说：“试试去把标杆放倒，顶多是得不到奖赏罢了，有什么损失？”他就去把标杆放倒了，来拜见吴起，吴起便让他任长大夫。从此以后，百姓信任吴起的赏罚分明。我认为商鞅原是魏国人，他用移动木杆表示讲信用的方法，大概是效法吴起，但吴起的事没有流传下来。

草驹聋虫

原 文

今人谓野牧马为草马，《淮南子·修务训》曰：“马之为草驹之时，跳跃扬蹄，翘尾而走，人不能制。”注云：“马五尺已下为驹，放在草中，故曰草驹。”盖今之所称者是也。下文曰：“形之于马，马不可化，其可驾御，教之所为也。马，聋虫也，而可以通气志，犹待教而成，又况人乎？”注云：“虫，喻无知也。”聋虫之名甚奇。

译 文

现在人们都称在野外放牧的马为草马，《淮南子·修务训》里写道：“马在幼年为草驹时，乱踢乱跳，翘起尾巴，四处奔跑，人们难以制服它。”在这一条后面加注说：“马，五尺之下为驹，因为放牧在草间，所以叫它草驹。”这和现在人们的叫法是一样的。这篇文章中接着写道：“形体对于马来说，不能变成别的东西。它之所以可以被人驾驭，是经过了驯化。马，又叫聋虫。马通人性，仍然有待于人们驯化，何况人呢？”在这一条后面加注说：“虫，比喻无知的意思。”聋虫这个名字特别奇怪。

久而俱化

原 文

天生万物，久而与之俱化，固其理焉，无间于有情无情，有知无知也。予得双雁于衢人郑伯膺，纯白色，极驯扰可玩，置之云壑，不远飞翔。未几，殒其一，其一块独[1]无俦，因念白鹅正同色，又性亦相类，乃取一只与同处。始也，两下不相宾接，见则东西分背[2]，虽一盆饲谷，不肯并啜。如是五日，渐复相就，逾旬之后，怡然同群，但形体有大小，而色泽飞鸣则一。久之，雁不自知其为雁，鹅不自知其为鹅，宛如同巢而生者，与之俱化，于是验焉。

今人呼鹅为舒雁，或称家雁，其褐色者为雁鹅，雁之最大者曰天鹅。唐太宗时，吐蕃禄东赞上书，以谓圣功远被，虽雁飞于天，无是之速，鹅犹雁也，遂铸金为鹅以献。盖二禽一种也。

注 释

① 块独：指孤独。《楚辞·九辩》：“块独守此无泽兮，仰浮云而永叹。”

② 东西分背：背对着，一个向东，一个向西。

译文

天造就万物，时间久了就使它们一同变化，这是事物固有的规律，无论是有情感的还是无情感的，有知觉的还是无知觉的，都是如此。我从衢州人郑伯膺那里得到一对大雁，纯白色，极为驯顺好玩，放养在云壑园内，它们不往远处飞。不久，死了一只大雁，另一只大雁孤独没有伴侣，于是想到白鹅的颜色正好和它相同，而且习性相类似，便找来一只和它放在一处。开始的时候，它们两个根本不相理睬，一遇见，就各奔东西，即使用一个盆给它们喂食，它们也不一起进食。像这样过了五天，渐渐互相接近，十天过后，它们就像与自己的同类在一起一样，十分快活。但是它们的体形一个大一个小，其他如颜色、能飞、会叫都是一样的。时间长了，大雁不知道自己是雁，鹅也不知道自己是鹅了，就好像是在一个巢里出生的那样亲密。世间万物久而久之都会发生变化，在这里可以得到验证。

现在的人们把鹅称为舒雁，或者称为家雁，并把褐色毛的称为雁鹅，最大的雁称为天鹅。唐太宗的时候，吐蕃的禄东赞上书说，因为皇帝的圣明功德传到四海，即使大雁在天上飞也没有那样的速度，鹅就像大雁一样，于是用金铸造了一只鹅献给了唐太宗。大概两种禽是同一品种。

莆田荔枝

原 文

莆田荔枝，名品皆出天成，虽以其核种之，终与其本不相类。宋香之后无宋香①，所存者孙枝②尔。陈紫之后无陈紫③，过墙，则为小陈紫矣。《笔谈》谓焦核荔子④，土人能为之，取本木，去其大根，火燔令焦，复植于土，以石压之，令勿生旁根，其核自小。里人谓不然，此果形状，变态百出，不可以理求，或似龙牙，或类凤爪，钗头红之可簪，绿珠子之旁缀，是岂人力所能加哉？初，方氏有树，结实数千颗，欲重其名，以二百颗送蔡忠惠公，给以常岁所产止此。公为目之曰“方家红”，著之于谱，印证其妄。自后华实虽极繁茂，逮至成熟，所存者未尝越二百，遂成语谶。此段已载《遯斋闲览》中，郡士黄处权复志其详如此。

注 释

① 宋香：宋家香荔枝的一种优良品种，产于福建莆田县。

② 孙枝：从树干上长出的新枝。

③ 陈紫：荔枝名品之一。

④ 焦核荔子：荔枝品名。肉厚核小。

译 文

莆田的荔枝，著名的品种都是自然天成的，即使是用它的核种下，最终长成的和它本来相比也有很大不同。宋香之后没有宋香，培养出来的都是它的变种。陈紫之后没有陈紫，过了陈琦家院墙的，就叫小陈紫。沈括在《梦溪笔谈》中记载了一种名叫焦核的荔枝，当地人能够培植出它，取其树枝，去掉树根，用火将它的底部烧焦，再植于土中，用石头压在上面，不使它生出旁根，长出的荔枝核自然会小。村里人说不是这样，荔枝果的形状多种多样，不可用常规来要求它，它的形状有的像龙牙，有的像凤爪，钗头红可以插在头上做簪子，绿珠子成行成串可做旁缀，这岂能是人力所能够做到的？起初，方氏有荔枝树，每年结果多达数千个。为了提高它的知名度，就拿出二百个送给了蔡忠惠公襄，并欺骗蔡襄说我家荔枝每年结果就是这么多。蔡襄将方氏送来的荔枝定名为“方家红”，并在《荔枝谱》中予以著录，以印证方氏所说的不实。自此以后，方氏家的荔枝虽然枝叶茂盛，待到成熟的时候，所存的没有超过二百颗，于是二百颗成为一种谶语。这件事已载入《遯斋闲览》一书中，本郡人黄处权又详细记录了它。

欧阳公辞官

原 文

欧阳公自亳州除兵部尚书知青州，辞免至四，云：“恩典超优，迁转颇数。臣近自去春由吏部侍郎转左丞，未逾两月，又超转[①]三资，除刑部尚书。今才逾岁，又超转两资。尚书六曹，一岁之间，超转其五。”累降诏不从其请。此是熙宁元年未改官制时，今人多不能晓。盖昔者左右丞在尚书下，所谓左丞超三资除刑书者，谓历工、礼乃至刑也。下云又超两资者，谓历户部乃至兵也。其上唯有吏部，故言尚书六曹，超转其五云。

注 释

① 超转：越级迁官。

译 文

欧阳修从亳州调任兵部尚书，掌管青州，四次请求辞官，说：“恩惠过分优越，越级升迁太多。我近来从去年春天由吏部侍郎晋升到尚书左丞，没过两个月，又破格连升三级，拜官刑部尚书。现在才过一年，又破格连升两级。尚书省六部，一年之间，破格晋升了其中的五个。”皇帝多次下诏书拒绝他的请求。这是在熙宁元年（1068年）没改官制时的情况，现在的人大多不能明白。大概以前的尚书左、右丞排在六部尚书下面，所谓尚书左丞连升三级晋升为刑部尚书，是说跳过了工部尚书、礼部尚书到了刑部尚书。下文说又连升两级，是说跳过了户部尚书到了兵部尚书。在兵部的上面只剩下吏部，所以欧阳修在上疏中说尚书六部中，他被破格晋升了五个。

魏冉罪大

原 文

自汉以来，议者谓秦之亡，由商鞅、李斯。鞅更变法令，使民不见德，斯焚烧诗书，欲人不知古，其事固然。予观秦所以得罪于天下后世，皆自挟诈失信故耳。其始也，以商於六百里啖楚绝齐，继约楚怀王入武关，辱为藩臣，竟留之至死。及其丧归，楚人皆怜之，如悲亲戚。诸侯由是不直[1]秦，未及百年，“三户亡秦”之语遂验。而为此谋者，张仪、魏冉也，仪之恶不待言，而冉之计颇隐，故不为士君子所诛。当秦武王薨，诸弟争立，唯冉力能立昭王。冉者，昭王母宣太后之弟也。昭王少，太后自治事，任冉为政，威震秦国，才六年而诈留楚王，又怒其立太子，复取十六城。是时，王不过十余岁，为此者必冉也。后冉为范睢所间而废逐。司马公以为冉援立昭王，除其灾害，使诸侯稽首而事秦，秦益强大者，冉之功也。盖公不细考之云。又尝请赵王会渑池，处心积虑，亦与诈楚同，赖蔺相如折[2]之，是以无所成，不然，与楚等耳！冉区区匹夫之见，徒能为秦一时之功，而诒秦不义不信之名万世不灭者，冉之罪诚大矣！

注释

① 直：谓以……为有理，以……为正义。

② 折：折毁，挫败。

译文

自汉代以来，评论者说秦朝灭亡，是商鞅、李斯造成的。商鞅变更法令，使百姓看不到德政，李斯焚烧儒家经典，想让人们不知道古代的事，事情确实是这样的。我看秦朝之所以得罪了天下后世，都根源于心怀欺诈不讲信用。开始，秦国用商於六百里土地引诱楚国同齐国断交，随后又约请楚怀王进入武关，侮辱性地把楚怀王作为秦国的附庸头领那样对待，最终扣留他直到去世。等到楚怀王的灵柩回到楚国，楚国人都可怜他，像亲戚死了一样哀伤。各诸侯从此认为秦国不讲道理，不到一百年，“三户亡秦（楚国人即使只剩下三户也能灭掉秦国）”的话就得到了验证。而为秦国出这主意的，是张仪、魏冉。张仪的罪恶就不必讲了，而魏冉的计谋颇为隐蔽，所以没有受到士人君子的口诛笔伐。当秦武王去世时，他的几个弟弟争着要当国王，只有魏冉有力量立秦昭王。魏冉，是秦昭王母亲宣太后的弟弟。秦昭王年龄小，太后自己处理政事，她任用魏冉主持国务，魏冉的权势威震秦国，他当权才六年就把楚怀王骗来扣留，又因楚国立太子而非常愤怒就夺取了楚国十六座城池。当时，秦昭王不过十余岁，干这件事的必定是魏冉。后来魏冉被范雎用离间计免去官爵驱逐出了都城。司马公（司马迁）认为魏冉出力立了秦昭王，除掉了威胁秦昭王的祸害，使得各诸侯都低下头来侍奉秦国，因此秦国日益强大是魏冉的功劳。这大概是因为司马迁没有仔细考察才会得出这样的结论。魏冉又曾邀请赵王在渑池相会，处心积虑地想搞阴谋，想用欺骗楚王的方法欺骗赵王，赵国依靠蔺相如挫败了他们的阴谋，所以才没成事，不然的话，赵王的结局和楚怀王是一样的。魏冉区区一个人的见解，只能为秦国获取一时的成功，却使秦国背上了不讲信义的万世不灭的臭名，魏冉的罪确实是太大了！

誉人过实

原文

称誉人过实，最为作文章者之疵病，班孟坚尚不能免。如荐谢夷吾一书，予盖论之于《三笔》矣。柳子厚《复杜温夫书》云："三辱生书，书皆逾千言，抵吾必曰周、孔，周、孔安可当也！语人必于其伦[①]。生来柳州，见一刺史即周、孔之，今而去我，道连而谒于潮，又得二周、孔。去之京师，京师显人，为文词立声名以千数，又宜得周、孔千百。何吾生胸中扰扰[②]焉多周、孔哉？"是时，刘梦得在连，韩退之在潮，故子厚云然。此文人人能诵，然今之好为谀者，固自若也。予表出之，以为子孙戒。张说贺魏元忠衣紫[③]曰："公居伊、周之任。"即为二张所谗，几于陨命。此但形于语言之间耳。

注释

① 语人必于其伦：拿能相比的人或事物来打比方。

② 扰扰：纷乱，烦乱。

③ 衣紫：大官装束，亦指做大官。

译文

写文章颂扬一个人超过了他实际的情况，是写文章的人最大的毛病，就连班固尚且不能避免。比如，他写的荐谢夷吾这篇文章，我在《容斋三笔》里已经论述过了。唐代柳宗元在《复杜温夫书》中写道："承蒙你多次来信，每次写信都长达千余言，把我比作周公、孔子，我怎能与周公、孔子相提并论呢！评价一个人应当和他能相当的事物相比。你来柳州（今属广西），见到刺史就称赞他是周公、孔子，现在离开我途经连州（今广东连州）而拜谒潮州（今广东潮州），见到二州刺史，又称颂他们是周公、孔子。你如果来到京师，京师名人会集，善于写文章的并有一定名声的人数以千计，又应该有一千个周公、孔子被你称誉而出。为什么在你心中有这么多的周公、孔子呢？"这时候，刘梦得正在连州，韩愈正在潮州，所以柳宗元在信中这样说。柳宗元的这篇文章，人人都熟悉到能背诵的程度，然而今日那些喜好阿谀奉承的人仍然那样做。我把它录在这里，作为对子孙的训诫。另外，张说在祝贺魏元忠做大官时说："公位居伊尹、周公之任。"魏元忠被张说、张宗昌的谗言害得几乎丧失性命。这些都仅仅是出现在语言文字中的事。

书简循习

原 文

近代士人，相承于书尺语言，浸涉奇猥，虽有贤识，不能自改。如小简问委，自言所在，必求新异之名。予守赣时，属县兴国宰诒书云：“潋水有驱策，乞疏下。”潋水者，彼邑一水耳，郡中未尝知此，不足以为工，当言下邑、属邑足矣。为县丞者，无不采《蓝田壁记》[①]语，云“负丞某处”“哦松[②]无补”“涉笔承乏[③]”，皆厌烂陈言。至称丞曰“蓝田”，殊为可笑。初赴州郡，与人书，必言“前政颓靡，仓库匮乏，未知所以善后”，沿习一律。正使真如所陈，读者亦不之信。予到当涂日，谢执政书云：“郡虽小而事简，库钱仓粟，自可枝梧[④]，得坐啸道院，诚为至幸。”周益公答云：“从前得外郡太守书，未有不以窘冗为词，独创见来缄如此。”盖觉其与他异也。此两者皆狃熟[⑤]成俗，故纪述以戒子弟辈。

注 释

① 《蓝田壁记》：韩愈文。

② 哦松：唐博陵崔斯立为蓝田县丞，官署内庭中有松、竹、老

槐，斯立常在二松间吟哦诗文，事见唐韩愈《蓝田县丞厅壁记》。后因以“哦松”谓担任县丞或代指县丞。

③ 承乏：承继空缺的职位。后多用作任官的谦词。

④ 枝梧：支撑，支持。

⑤ 狃熟：熟习，习惯。

译文

近代士大夫书信尺牍的语言陈陈相因，渐渐地变得奇谈怪论起来，即使是品德高尚才学广博的人也不能改过来。比如，写信问候别人，谈到自己的地址时，不去明言直说，一定要用一个标新立异的奇奇怪怪的名字。我在赣州（今属江西）任太守时，所属兴国县的县令在写给我的一封信中说：“如果想驱策潋水干什么事，请下令就可以了。”潋水是兴国县境内一条小河，就连当地人也很少有谁知道它的名字，所以不能用潋水作为兴国县的代称，书作下邑、属邑就可以了。那些做县丞的人，无不采用《蓝田壁记》中的言辞，“负丞某处（即在某处担任县丞）”“哦松无补（即站在松树下吟诗却管不好县里的事）”“涉笔承乏（即拿起笔正当我伤人）”等词语，实际上这些都是陈词滥调。甚至有的人称县丞为“蓝田”，更是可笑。那些初任州郡长官的人，到任之后，在给人写信时，必然写道“前政颓靡，仓库匮乏，未知所以善后”（前任政事颓废，奢侈糜烂，仓库空虚，不知用什么方法以善其后），相沿成习。即使实际情况真的如所说的那样，也无法使读到此信的人相信。我来到当涂县（今属安徽）后，在写给执政周必大的答谢信中说：“当涂地方虽小，但事情也简单，仓库中所存的钱粮，也还勉强够用。所以我才能安静放心地坐在道院中吟诗，这的确是我最大的幸运。”周必大看了我给他的信后，马上回信对我说：“从前收到外郡太守的书信，没有一个不说他们那里的政事窘困冗杂的，只有你的信具有这样的独创性。”这大概是由于周必大觉得我的信和别人不同，所以才这样说。以上两种情形，都因循成俗，所以，我记述在这里，以劝诫后辈子孙。

更　衣

原文

雅志堂后小室，名之曰“更衣”，以为姻宾憩息地。稚子数请所出，因录班史语示之。《灌夫传》：“坐乃起更衣。”颜注：“更，改也。凡久坐者皆起更衣，以其寒暖或变也。”“田延年起，至更衣。”颜注：“古者延宾，必有更衣之处。”《卫皇后传》：“帝起更衣，子夫侍尚衣[①]。”

注释

① 尚衣：尚，奉上之义，如尚衣尚食。

译文

在雅志堂的后面有一小屋，把它命名为“更衣”，来作为亲戚朋友会客休息的地方。孩子们几次问“更衣”一词出自什么典故，因此我将班固在《汉书》里的有关记载抄出来给他们看。《灌夫传》说：“坐着起来时更衣。”颜师古注释说：“更是改的意思。凡是坐的时间长的人，都要起来换衣服，因为气候冷暖有变化。”

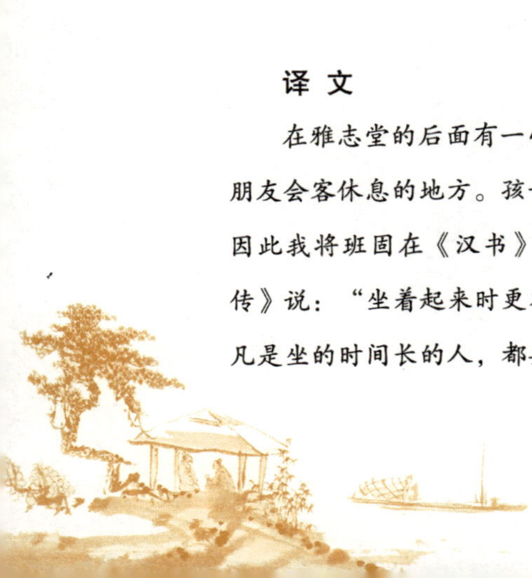

《灌夫传》中又记："田延年起来去更衣。"颜师古注释说："古时候宴请宾客必须有换衣服的地方。"此外，在《卫皇后传》里也有记载："皇帝起来更衣，由子夫（即卫皇后）服侍主管衣物穿戴。"

青莲居士

原 文

李太白《赠玉泉仙人掌茶诗序》云：“荆州玉泉寺近清溪诸山，往往有乳窟[①]。其水边处处有茗草罗生，枝叶如碧玉，唯玉泉真公常采而饮之。余游金陵，见宗僧中孚，示予茶数十片，其状如手，名为‘仙人掌茶’，盖新出乎玉泉之山，旷古未觌，因持以见遗，兼赠诗，要予答之，遂有此作。后之高僧大隐，知仙人掌茶发乎中孚禅子及青莲居士李白也。”太白之称，但有“谪仙人”尔，“青莲居士”，独于此见之，文人未尝引用。而仙人掌茶，今池州九华山中亦颇有之，其状略如蕨拳也。

注 释

① 乳窟：石钟乳丛生的洞穴。

译 文

唐代诗人李白在《赠玉泉仙人掌茶诗序》中写道："在荆州玉泉寺靠近清溪诸山，山间往往有石钟乳的洞穴。在水边，到处茶草丛生，枝叶如同碧玉，只有玉泉寺的真公常常采摘它们作为茶叶饮用。我游历金陵（今江苏南京），见到僧人中孚，他向我展示了茶叶数十片，因为叶片的形状很像人的手掌，所以管它叫'仙人掌茶'。茶叶大概是刚从荆州玉泉山采集而来的，以前从未见过，因此特意拿出来赠送给我，并且赠诗一首，要我作诗酬答，我便写下了这首诗。后来的高僧及著名的隐士，就会知道仙人掌茶起源于中孚禅子及青莲居士李白。"太白的称号，只有"谪仙人"，而"青莲居士"的称号，只在这里看到过，后世文人也未曾引用过这段。而仙人掌茶，在现在池州（今安徽贵池）九华山中亦有出产，它的形状和才长出来的蕨菜差不多。

东坡诲葛延之

原 文

江阴葛延之，元符间，自乡县不远万里省苏公于儋耳[①]，公留之一月。葛请作文之法，诲之曰："儋州虽数百家之聚，而州人之所须，取之市而足，然不可徒得也，必有一物以摄之，然后为己用。所谓一物者，钱是也。作文亦然，天下之事，散在经、子、史中，不可徒使，必得一物以摄之，然后为己用。所谓一物者，意是也。不得钱不可以取物，不得意不可以用事，此作文之要也。"葛拜其言，而书诸绅。尝以亲制龟冠为献，公受之，而赠以诗曰："南海神龟三千岁，兆叶朋从生庆喜。智能周物不周身，未死人钻七十二。谁能用尔作小冠，岣嵝[②]耳孙[③]创其制。今君此去宁复来，欲慰相思时整视。"今集中无此诗。葛常之，延之三从弟也，尝见其亲笔。

注释

① 儋耳：今海南儋州。

② 岣嵝：衡山七十二峰之一，在湖南省衡阳市北。

③ 耳孙：泛指远代子孙。

译文

江阴人葛延之，元符年间，从家乡所在的县不远万里去看望被贬到儋州的苏轼，苏轼留他住了一个月。葛延之请教作文的方法，苏公教诲他说："儋州虽然是个数百家聚集成的小地方，而州人所需要的东西，从市场上购买就能满足，然而不能空手取得，一定要有一种东西来牵引它们，这样以后才能为己所用。所谓一种东西，就是钱。作文也是一样的道理。天下的事理散在经书、诸子、史书当中，不能凭空使用，必须得到一种东西牵引它们，然后它们才能为己所用，所谓一种东西，就是'意（思想）'。没有钱就不能获得所需的物品，没有'意（思想）'就不能运用事理，这是作文的关键。"葛延之拜谢他的教诲，把他的话写在腰间的布带上。曾把亲手制作的龟冠献给苏轼，苏轼接受了，就回赠一首诗说："南海神龟三千岁，兆叶朋从生庆喜。智能周物不周身，未死人钻七十二。谁能用尔作小冠，岣嵝耳孙创其制。今君此去宁复来，欲慰相思时整视。"而现在的苏轼文集中没有这首诗。葛常之，是葛延之的三堂弟，曾经见过苏轼的这首诗的手稿。

舞鸥游蜻

原 文

战国时，诸子百家之书，所载绝[1]有同者。《列子·黄帝篇》云：“海上之人有好沤[2]（音鸥）鸟者，每旦之海上从沤鸟游，沤鸟之至者百数而不止。其父曰：‘吾闻沤鸟皆从汝游，汝取来吾玩之。’明日之海上，沤鸟舞而不下也。”《吕览·精喻篇》云：“海上人有好蜻（蜻蜓也）者，每朝居海上，从蜻游，蜻之至者百数而不止，前后左右尽蜻也，终日玩之而不去。其父告之曰：‘闻蜻皆从汝居，取而来，吾将玩之。’明日之海上，蜻无至者矣。”此二说如出一手也。

注 释

① 绝：副词。极，最。《史记·伍子胥列传》：“平王遂自取秦女而绝爱幸之。”

② 沤：通“鸥”，即鸥鸟。

译文

战国时期，诸子百家的书，所记载的有特别相似的。《列子·皇帝篇》记载："海边有一位喜欢海鸥的人，他每天早晨到海边和海鸥游戏，海鸥飞来和他游戏的数以百计还不止。他的父亲说：'我听说海鸥都愿意跟你玩，你抓一个给我玩。'第二天他到了海边，海鸥飞舞而不再落下。"《吕氏春秋·精喻篇》记载："海边有个喜欢蜻蜓的人，每天早晨到海边跟蜻蜓玩耍，蜻蜓飞来找他的数以百计还不止，他的前后左右都是蜻蜓，并且这些蜻蜓整天跟他玩耍而不离开。他父亲对他说：'我听说蜻蜓都愿意和你在一起，抓几只回来，我要和蜻蜓玩。'第二天他到了海边，蜻蜓却没有来找他。"这两则故事就如同出自一个人的手笔。

汉重苏子卿

原 文

汉世待士大夫少恩，而独于苏子卿加优宠，盖以其奉使持节，褒劝忠义也。上官安谋反，武子元与之有谋，坐死。武素与上官桀、桑弘羊有旧，数为燕王所讼，子又在谋中，廷尉奏请逮捕武，霍光寝[1]其奏。宣帝立，录群臣定策[2]功，赐爵关内侯者八人，刘德、苏武食邑[3]。张晏曰：“旧关内侯无邑，以武守节外国，德宗室俊彦，故特令食邑。”帝闵武年老子坐事死，问左右：“武在匈奴久，岂有子乎？”武曰：“前发匈奴时，胡妇实产一子通国，有声问来，愿因使者赎之。”上许焉。通国至，上以为郎，又以武弟子为右曹，以武著节老臣，令朝朔望，称祭酒，甚优宠之。皇后父、帝舅、丞相、御史、将军皆敬重武。后图画中兴辅佐有功德知名者于麒麟阁，凡十一人，而武得预。武终于典属国[4]，盖以笃老不任公卿之故。先公絷留绝漠十五年，能致显仁皇太后音书，蒙高宗皇帝有“苏武不能过”之语。而厄于权臣，归国仅升一职，立朝不满三旬[5]，讫于窜谪南荒恶地，长子停官。追诵汉史，可为痛哭者已！又案武本传云：“奉使初还，拜为典属国，秩[6]中二千石。昭帝时，免

武官。后以故二千石与计谋立宣帝，赐爵。张安世荐之，即时召待诏[7]，数进见，复为典属国。”然则豫定策时，但以故二千石耳。而《霍光传》连名奏昌邑王时，直称典属国，《宣纪》封侯亦然，恐误也。

注释

① 寝：止息，废置。

② 定策：亦作“定册”。古时尊立天子，书其事于简策，以告宗庙，因称大臣等谋立天子为“定策”。

③ 食邑：靠封邑租税生活。

④ 典属国：官名。

⑤ 旬：十天。

⑥ 秩：俸禄。

⑦ 待诏：官名。汉代征士未有正官者，均待诏公车，其特异者待诏金马门，备顾问，后遂以待诏为官名。

译文

汉朝对待士大夫缺少恩情，唯独对苏武优待恩宠，大概是他奉命出使匈奴，保持节操，朝廷以他为表率来褒扬劝勉忠义的人。上官安谋反，苏武的儿子苏元和他是同谋，连坐被杀。苏武平日就和上官桀、桑弘羊有交情，多次被燕王控告，他的儿子又在谋反的人中，廷尉上奏请求逮捕苏武，霍光却止息了他的奏请。宣帝即位，奖赏拥立他为天子的大臣，赐以关内侯爵位的有八个人，刘德、苏武都有封地。张晏说：“以前关内侯没有封地，因为苏武出使国外保守节操，刘德是皇室中优秀的人，因此特别下令给他们两人封地。”宣帝怜惜苏武年老，儿子连坐被杀，便问身边的人：“苏武在匈奴时间久，有儿子吗？”苏武回答说：“当时我从匈奴回来时，我的匈奴妻子确实生了个儿子名叫通国，有书信问候，希望通过使者把他赎回来。”皇上答应了。通国来到汉朝，天子任命他为郎，又任命苏武的弟弟的儿子为右曹，因苏武是气节显著的老臣，令他每月初一、十五上朝，尊称他为祭酒，甚是优待恩宠他。皇后的父亲、皇帝的舅舅、丞相、御史、将军都敬重苏武。后来在麒麟阁上画中兴以来辅佐皇帝有功德的知名人物，共十一人，苏武得以在其中。苏武最终的官职是典属国，大概因为苏武年老没有担任公卿的缘故。我的先父洪皓被拘囚在漠北十五年，能从金国带回显仁皇太后的书信，蒙受高宗赞誉他“苏武不能超过”的话，却被权臣困厄，回国后仅升了一级官职，在朝中做官不满三十天，最终被贬谪到南方荒凉恶劣的地区，长子被罢官。追读汉代历史，这真让人痛哭啊！又考察《汉书·苏武传》中说：“奉命出使匈奴刚回朝，被任命为典属国，俸禄是两千石。汉昭帝时，罢免了苏武的官职。后来他以原是两千石的身份参与合谋拥立宣帝，被赐爵位。张安世举荐他，宣帝即刻征召他为待诏，数次进见，又被任命为典属国。”这样的话，他在准备定策立宣宗时，只是以原来两千石的身份进行的而已。而《汉书·霍光传》中说他和苏武联名上奏陈昌邑王不宜立为天子时，直接称呼苏武为典属国，而《汉书·宣帝本纪》说苏武已封侯也是这样，恐怕是错误的。

曹马能收人心

原 文

曹操自击乌桓，诸将皆谏，既破敌而还，科问[①]前谏者，众莫知其故，人人皆惧。操皆厚赏之，曰："孤前行，乘危以侥幸，虽得之，天所佐也，顾不可以为常。诸君之谏，万安之计，是以相赏，后勿难言之。"魏伐吴，三征[②]各献计，诏问尚书傅嘏，嘏曰："希赏徼功，先战而后求胜，非全军之长策也。"司马师不从，三道击吴，军大败。朝议欲贬出诸将，师曰："我不听公休，以至于此，此我过也，诸将何罪？"悉宥之。弟昭时为监军，唯削昭爵。雍州刺史陈泰求敕并州，并力讨胡，师从之。未集，而二郡胡以远役遂惊反，师又谢朝士曰："此我过也，非陈雍州之责。"是以人皆愧悦。讨诸葛诞于寿春，王基始至，围城未合，司马昭敕基敛军坚壁。基累求进讨，诏引诸军转据北山。基守便宜，上疏言："若迁移依险，人心摇荡，于势大损。"书奏报听。及寿春平，昭遗基书曰："初，议者云云，求移者甚众，时未临履，亦谓宜然。将军深算利害，独秉固心，上违诏命，下拒众议，终于制敌禽贼，虽古人所述，不过是也。"然东关之败，昭问于众曰："谁任其咎？"司马王仪曰："责在元帅。"昭怒曰："司马欲委罪于孤耶？"引出斩之。此为谬矣！操及师、昭之奸逆，固不待言。然用兵之际，以善推人，以恶自与，并谋兼智，其谁不欢然尽心悉力以为之用？袁绍不用田丰之计，败于官渡，宜悉己谢之不暇，乃曰："吾不用丰言，卒为所笑。"竟杀之。其失国丧师，非不幸也。

注释

① 科问：查问。

② 三征：朝廷三次征召。

译文

曹操亲自攻打乌桓，将领们都进谏劝止，已破敌凯旋，他查问前面进谏的人，众人不知其中缘故，人人都怕。曹操丰厚地赏赐了他们，说："我前次行军，冒着危险才侥幸获取了胜利，虽然成功克敌，是上天帮忙，但不可以作为经常的办法。各位的进谏，是绝对安全的计策，因此奖赏你们，以后有意见尽管讲出来不要为难。”魏国进攻吴国，三路军队各自进献计策，天子下诏问尚书傅嘏的意见，傅嘏说：“谋求奖赏追求战功，先去打仗而再去想如何取胜，不是保全军队的长远策略。”司马师不听从，分三路进攻吴国，军队遭受大败。朝会议论要贬黜各位将领，司马师说：“我没听公休（傅嘏的字）的话，才打了败仗，这是我的过错，各将领有什么罪过？”将领们就一个也没受到处分。司马师的弟弟司马昭当时任监军，只削去了他的爵位。雍州刺史陈泰请求司马师给并州下令，让他们合并兵力讨伐胡人，司马师听从了他的请求。军队还未集结到一起，而两郡的胡人因为行军太远就急忙回去了，司马师对朝堂上的官员道歉说：“这是我的过错，不是雍州刺史陈泰的责任。”所以人们都既惭愧又喜悦。在寿春讨伐诸葛诞，王基刚到，还没有形成对寿春城的包围之势，司马昭敕令王基收敛军队坚守营地。王基多次请求进攻，诏令却让他带领各军转移占据北山。王基因时制宜，上奏说：“如果迁移军队依附险固，军心动摇，很不利于当前形势。”奏书呈上去被批准了。等到寿春被平定，司马昭给王基写信说：“当初，大家议论纷纷，请求转移军队的人很多，当时我没有亲临前线，也认为应该这样。将军您深入地考察这其中的利害，独自秉持坚定的心，对上违抗诏命，对下排据众人的议论，终于克敌制胜，擒获敌兵，即使是古人所称赞记述的人，也超不过您啊。”然而东关战败，司马昭向众人问道：“谁应承担兵败的责任？”司马王仪说：“责任在元帅。”司马昭发怒说：“司马想把罪过推到我身上吗？”就把王仪拉出去斩了。这就做错了啊！曹操和司马师、司马昭的奸诈悖逆，固然不必说了，但是他们在行军用兵之际，能把好事推给别人，把坏事留给自己，并集思广益，如此行事哪一个能不欢快地竭心尽力地为他们效力呢？袁绍不用田丰的计谋，在官渡战败，他本应怪罪自己，向田丰道歉还来不及，可他却说：“我不采用田丰的计策最终失败了，我肯定会被他讥笑。”他竟杀了田丰。可见，他后来失去国土、丧失军队，并非只是不幸运啊。

五笔

狐假虎威

原 文

谚有“狐假虎威”之语，稚子来叩其义，因示以《战国策》《新序》所载。《战国策》云，楚宣王问群臣曰：“吾闻北方之畏昭奚恤[①]也，果诚何如？”群臣莫对。江乙对曰：“虎求百兽而食之，得狐，狐曰：‘子无敢食我矣，天帝使我长百兽，今子食我，是逆天帝命也。子以我为不信，吾为子先行，子随我后，观百兽之见我而敢不走乎？’虎以为然，故遂与之行。兽见之皆走，虎不知兽畏己而走也，以为畏狐也。今王之地方五千里，带甲百万，而专属之昭奚恤，故北方之畏奚恤也，其实畏王之甲兵也，犹百兽之畏虎也。”《新序》并同。而其后云：“故人臣而见畏者，是见君之威也，君不用，则威亡矣。”俗谚盖本诸此。

注 释

① 昭奚恤：战国时期楚国人，一说即昭鱼。楚宣王封他到江（今河南正阳），所以称为江君奚恤。

译文

谚语中有“狐假虎威”一句，我的幼子来问它的含义，我因此就把《战国策》《新序》两书中的有关记载让他看。《战国策》中记载，楚宣王曾问群臣：“我听说北方诸国很害怕昭奚恤将军，果真如此吗？”群臣中无人回答。江乙回答说：“老虎捉各种动物充饥，一天，它捉到一只狐狸，狐狸就对老虎说：‘你不敢吃我！上帝让我做百兽之王，今天你要是吃了我，就是违逆上帝的命令。你如果不相信，你让我在前面走，你跟在我的后面，看看百兽中有谁见了我敢不逃跑？’虎信以为真，所以就跟随着它一起走。百兽见到它们都慌忙逃窜，老虎不知道百兽是害怕自己而逃跑，还以为它们真的是害怕狐狸。现在大王您的属地方圆五千里，有百万人的强大军队，您把军队委托给昭奚恤指挥，所以北方诸国惧怕昭奚恤，其实就是害怕大王强大的军队，就如同百兽害怕老虎一样。”《新序》中记载的也与此相同。而且在前文之后接着写道：“所以说人们害怕那些大臣，主要是害怕君主的权力，君主若不将权力赋予大臣，大臣的权威也就不复存在了。”这句谚语大概就是起源于此。

张释之柳浑

原文

汉张释之为廷尉，文帝出行，有人惊乘舆马，使骑捕之，属①廷尉。释之奏当②此人犯跸③，罚金。上怒，释之曰："方其时，上使使诛之则已。"颜师古谓："言初执获此人，天子即令诛之，其事即毕。"唐柳浑为相，玉工为德宗作带，误毁一銙④，工私市⑤它玉足⑥之。帝识不类，怒其欺，诏京兆论死⑦，浑曰："陛下遽杀之则已，若委有司，须详谳⑧乃可。于法，罪当杖，请论如律。"由是工不死。予谓张、柳之论，可谓善矣，然张云"上使使诛之则已"，柳云"陛下遽杀之则已"，无乃启人主径杀人之端乎！斯一节未为至当也。

注释

① 属：此指交给执法官吏处理。

② 奏当：审案完毕向皇帝奏闻处罪意见。当，判罪。《史记·平准书》："汤奏当异九卿见令不便，不入言而腹诽，论死。"

③ 犯跸：冲犯皇帝的车驾。

④ 銙：古代附于腰带上的扣板，作方、椭圆等形。原用来受环悬物，后纯用作装饰。其质料、数目随时代或饰者的身份而异。

⑤ 私市：私自买进。

⑥ 足：补足，凑满。

⑦ 论死：判处死刑。

⑧ 详谳：审判。

译 文

汉代张释之任廷尉时，一次文帝出行有人惊了皇帝车驾的马，皇帝命骑兵把他抓到，交给廷尉处理。张释之审案完毕向皇帝奏闻处罪意见，认为此人惊了车驾，应处以罚金。皇帝大怒，张释之说："当时，皇上使人杀了他就算了。"颜师古说："这是说在一抓到这个人的时候，皇帝当即下令杀了他，这件事就处理完毕了。"唐代柳浑任宰相时，玉工给德宗制作腰带，偶然失误毁掉了一个扣板，玉工私自买了一块别的玉补上。皇帝发现了那个扣板和其他的不是同一种玉，为玉工的欺瞒而生气，就下诏给京城地方官把他判处死罪，柳浑说："陛下立刻杀了他就算了，假如交给衙门去办，须经过审判才行。按照法律，他犯的罪应打板子，请允许我按照法律论处他。"因此玉工没有死。我认为张、柳的议论，可谓很好，但是张说"皇上使人杀了他就算了"，柳说"陛下立刻杀了他算了"，难道不是启发皇帝产生直接杀人的想法吗？这一点不是很恰当。

陶潜去彭泽

原 文

《晋书》及《南史·陶潜传》皆云："潜为彭泽令，素简贵[①]，不私事上官。郡遣督邮至，县吏曰：'应束带[②]见之。'潜叹曰："吾不能为五斗米折腰，拳拳[③]事乡里小人。'即日解印绶去，赋《归去来》以遂其志。"案，陶集载此辞，自有序，曰："余家贫，耕植不足以自给。彭泽去家百里，故便求之。及少日，眷然有归欤之情。何则？质性自然，非矫励[④]所得，饥冻虽切，违己交病。怅然慷慨，深愧平生之志，犹望一稔[⑤]，当敛裳宵逝。寻程氏妹丧于武昌，情在骏奔，自免去职，在官八十余日。"观其语意，乃以妹丧而去，不缘督邮。所谓矫励违己之说，疑心有所属，不欲尽言之耳！词中正喜还家之乐，略不及武昌，自可见也。

注释

① 简贵：简傲高贵。

② 束带：指官服。

③ 拳拳：勤勉的样子。

④ 矫励：造作勉强。

⑤ 一稔：农作物成熟一次，引申为一年。

译文

《晋书》和《南史·陶潜传》都记载："陶潜任彭泽县县令时，一直简傲高贵，不私下里巴结上级官员。郡里来了一个督邮，县里小吏说：'应该穿戴好官服去见他。'陶潜叹道：'我不能因为微薄俸禄而屈身去小心谨慎地伺候一个乡里小人。'当天他就留下官印离去了。并作了一篇《归去来》表达他的志向。"考察陶潜的文集记载的这篇文辞，并且有序说："我家贫，种田的收入不够保证自己的生活。彭泽县离我家有百里左右，所以求了这个职位。过了些日子，我就因思念家乡特别想回去。这是为什么？我本性是崇尚自然的，不是勉强就能办到的，饥饿受冻虽然是急切的事，但违背自己的心愿更难受。回想做官的经历让我怅然若失，深深觉得有愧于自己平生的志向，尚且希望过一年就离任。不久嫁给程家的妹妹死在了武昌，去奔丧的感情像骏马奔驰一样急切，于是自己辞了职，共任职八十多天。"看他的语气，是因为妹妹的丧事才离去的，不是因为督邮。所谓"造作勉强""违背自己的意愿"的说法，我怀疑他是有所指的，不想全说出来罢了！文中全是喜爱还家的乐趣，一点不提武昌的丧事，从中可以看到这一点。

唐曹因墓铭

原 文

庆元三年，信州上饶尉陈庄发土得唐碑，乃妇人为夫所作。其文云：“君姓曹，名因，字鄙夫，世为鄱阳人。祖、父皆仕于唐高祖之朝，惟公三举不第，居家以礼义自守。及卒于长安之道，朝廷公卿、乡邻耆旧，无不太息[①]。惟予独不然。谓其母曰：‘家有南亩，足以养其亲；室有遗文，足以训其子。肖形天地间，范围阴阳内，死生聚散，特世态耳，何忧喜之有哉！’予姓周氏，公之妻室也。归公八载，恩义有夺[②]，故赠之铭曰：‘其生也天，其死也天，苟达此理，哀复何言！’”予案唐世上饶本隶饶州，其后分为信，故曹君为鄱阳人。妇人能文达理如此，惜其不传，故书之，以裨图志之缺。

注 释

① 太息：亦作“大息”。大声长叹，深深地叹息。

② 夺：失，失去。

译 文

庆元三年（1193年），信州上饶尉陈庄挖地得到一块唐朝的碑，是一位妇女为其丈夫所作的。那篇文章说：“君姓曹，名因，字鄙夫，世代居住于鄱阳。祖父、父亲都在唐高祖时做过官，只有我丈夫三次参加科举考试都落第了，待在家中以礼义约束自己和全家。到他死在通往长安（今陕西西安）的路上的时候，朝廷公卿、邻居乡亲没有一个不叹息的。只有我不这样看，我对婆婆说：‘家里有田地，足以供养父母子女；家里有他的遗文，足以教育其子女。人成形在天地之间，被阴阳二气包围，生死聚散，只是人世的种种形态而已，哪里有什么值得忧愁和喜悦的呢！’我姓周，是他的妻子。嫁给他八年，现在恩义被夺走了，所以赠给他铭文说：‘他的生死都是由天决定的，假如明白这个道理，还有什么可悲哀的！’”今案：唐朝上饶本属饶州，后来分属于信州，死去的曹君是鄱阳人。这个妇人擅长写作，通达事理到这种程度，可惜她的文章没有流传后世，所以记录下来，来补益地方图志的缺失。

人生五计

原 文

朱新仲舍人常云："人生天地间，寿夭不齐，姑以七十为率[①]：十岁为童儿，父母膝下，视寒暖燥湿之节，调乳哺衣食之宜，以须成立，其名曰生计；二十为丈夫，骨强志健，问津名利之场，秣马厉兵，以取我胜，如骥子伏枥，意在千里，其名曰身计；三十至四十，日夜注思，择利而行，位欲高，财欲厚，门欲大，子息欲盛，其名曰家计；五十之年，心怠力疲，俯仰世间，智术用尽，西山之日渐逼，过隙之驹不留，当随缘任运，息念休心，善刀而藏，如蚕作茧，其名曰老计；六十以往，甲子一周，夕阳衔山，倏尔就木，内观一心，要使丝毫无慊，其名曰死计。"朱公每以语人，以身计则喜，以家计则大喜，以老计则不答，以死计则大笑，且曰："子之计拙也。"朱既不胜笑者之众，则亦自疑其计之拙，曰："岂皆恶老而讳死邪？"因为南华长老作《大死庵记》，遂识其语。予之年龄逾七望八，当以书诸绅云。

注释

① 率：标准，限度。《孟子·尽心上》：“大匠不为拙工改废绳墨，羿不为拙射变其彀率。”

译文

朱新仲（朱翌）常说：“人生活在天地间，寿命长短各不相同，姑且以七十岁为准：十岁之前为儿童，在父母跟前，由父母根据气候寒热燥湿的变化来对他的哺养衣食进行调节，期望并等待他成人，这叫作为生长计议；二十岁成为一名体格健壮意志坚强的大丈夫，尝试着进入名利之场，并做好去夺取胜利的准备，就像待在马厩里的马志向却在千里之外一样，这叫作为自身计议；三十岁到四十岁，日日夜夜深思熟虑，只做对自己有利的事，希望地位高，希望财富多，希望光大门庭，希望子孙繁盛，这叫作为家族计议；到了五十岁，精神体力都已疲惫，只能随着世事而沉浮，智谋已经用尽，日薄西山的感觉日益临近，如白驹过隙一样，过去的岁月已经一去不再复返，这时应该听任命运的摆布，放弃各种念头和心计，就像把一把完善的刀保存起来，像蚕结茧一样在自己周围构建一个安乐窝，这叫作为衰老计议；六十以后，活了一个甲子，已经日落西山，不久就要进棺材，这时应反省自己，使自己不带着丝毫遗憾离开这个世界，这叫作为垂死计议。”朱先生经常和人谈这些，每当说到为自身计议时，听的人就欢喜；谈到为宗族计议时，听的人就会喜笑颜开；谈到为衰老计议时，听的人就会默不作声；谈到为垂死计议时，听的人就大笑，而且说：“你的计议真不高明。”因为笑他的人太多，朱新仲自己也对这种计议产生了怀疑，他说：“难道人们都讨厌老并忌讳死吗？”我为南华长老写《大死庵记》时，明白了朱这些话的内涵。我已年过七十而走向八十了，我觉得他的人生五计很有道理应该记下来。

瀛莫间二禽

原 文

瀛、莫二州之境，塘泺[①]之上有禽二种。其一类鹄，色正苍而喙长，凝立水际不动，鱼过其下则取之，终日无鱼，亦不易地。名曰信天缘。其一类鹜，奔走水上，不闲腐草泥沙，唼唼然[②]必尽索乃已，无一息少休。名曰漫画。信无缘若无能者，乃与漫画均度，一日无饥色，而反加壮大。二禽皆禀性所赋，其不同如此。

注 释

① 泺：同“泊”，湖泊。

② 唼唼然：象声词，水鸟或鱼的吃食声。

译 文

在瀛、莫两州的境内，池塘湖泊上有两种水禽。其中一种像天鹅，毛色正青而嘴很长，它喜欢凝立水中不动，鱼从它下面经过时它就啄上来吃掉，即使一整天无鱼，它也不换地方。它名叫信天缘。另一种像鸭子，它喜欢奔走在水中，即使在腐草泥沙中也闲不下来，必定要唼唼地搜寻一遍才肯罢休，平日里它几乎一刻也不休息。它名叫漫画。信天缘像是无能的鸟，却和漫画一样都能一天不吃食物而不显饥色，反而更加健壮肥大。这两种水禽的行为都是它们的禀性赋予的，可它们却如此不同。

萧颖士风节

原 文

萧颖士为唐名人，后之学者但称其才华而已，至以笞楚童奴为之过。予反复考之，盖有风节识量之士也。为集贤校理，宰相李林甫欲见之，颖士不诣，林甫怒其不下己。后召诣史馆，又不屈，愈见疾[1]，至免官更调河南参军。安禄山宠恣，颖士阴语柳并曰："胡人负宠而骄，乱不久矣。东京其先陷乎！"即托疾去。禄山反，往见河南采访使郭纳，言御守计，纳不用。叹曰："肉食者以儿戏御剧贼，难矣哉！"闻封常清陈兵东京，往观之，不宿而还，身走山南，节度使源洧欲退保江陵，颖士说曰："襄阳乃天下喉襟[2]，一日不守，则大事去矣。公何遽轻土地，取天下笑乎？"洧乃按甲不出。洧卒，往客金陵，永王璘召之，不见。刘展反，围雍丘，副大使李承式遣兵往救，大宴宾客，陈女乐。颖士曰："天子暴露，岂臣下尽欢时邪！夫投兵不测，乃使观听华丽，谁致其死哉？"弗纳。颖士之言论操持如此，今所称之者浅矣。李太白，天下士也，特以堕永王乱中，为终身累，颖士，永王召而不见，则过之焉。

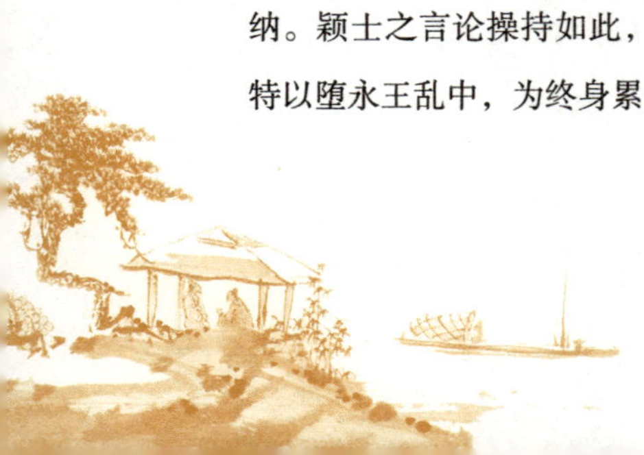

注释

① 疾：通“嫉”。

② 喉襟：喻要害之地。

译文

萧颖士是唐代的名人，后来的学者只称许他的才华而已，甚至把他鞭打童奴作为他的过错。经过我反复考证，他是个有气节、有抱负的人。他做集贤殿校理时，宰相李林甫想见他，萧颖士推辞不去，李林甫对他不屈服于自己感到很愤怒。李林甫后来又召他前往史馆，他又不屈从，这更加使李林甫忌恨，以致被免官改调为河南参军。安禄山受宠，恣意妄为，萧颖士私下对柳并说：“胡人恃宠而骄，他快要谋反了。东京洛阳会先被攻陷！”随后，他就称病离去了。安禄山反叛后，萧颖士去见河南采访使郭纳，向他进献防御据守的计策，郭纳不采用。他叹息说：“当权者把抵御来势凶猛的叛贼当儿戏，想抵挡住叛贼也太难了！”他听说封常清在东京洛阳陈列兵众，就前往观看，结果很失望就连夜返回，然后只身前往山南，节度使源洧想退守江陵，萧颖士说：“襄阳是天下的要害之地，一日不守，天下的大事就失去机会了。您为何轻视这里的土地，让天下人嘲笑呢？”源洧于是按兵不动。源洧去世，萧颖士前往金陵客居，永王李璘召见他，他没有见。刘展谋反，包围雍丘，副大使李承式派兵前往救援，出兵前大宴宾客，陈列歌姬奏乐。萧颖士说：“天子暴露荒野，岂是臣子尽情欢乐的时候呢！现在要去吉凶难测的战场打仗，临行前却让他们纵情声色，谁还愿去疆场厮杀呢？”李承式没有采纳他的建议。萧颖士如此有胆有识才华横溢，今天对他的议论也太浅薄了。李白是天下的名士，只因陷入永王的叛乱之中，使他终身受牵累。萧颖士，永王召请而不去见，可见他的胆识远远超过李白了。

开元宫嫔

原 文

自汉以来，帝王妃妾之多，唯汉灵帝、吴归命侯、晋武帝、宋苍梧王、齐东昏、陈后主。晋武至于万人。唐世明皇为盛，白乐天《长恨歌》云“后宫佳丽三千人”，杜子美《剑器行》云“先帝侍女八千人”，盖言其多也。《新唐史》所叙，谓开元、天宝中，宫嫔大率[①]至四万。嘻，其甚矣！隋大业离宫遍天下，所在皆置宫女。故裴寂为晋阳宫监，以私侍高祖。及高祖义师经过处，悉罢之。其多可想。

注 释

① 大率：大抵，大致。

译 文

自汉以来，拥有众多妃妾的帝王，当属汉灵帝、吴归命侯、晋武帝、宋苍梧王、齐东昏、陈后主。晋武帝的嫔妃达到了近万人。唐代以唐明皇拥有的嫔妃最多，白居易的《长恨歌》写道“后宫佳丽三千人”，杜甫的《剑器行》写道“先帝侍女八千人”，都是说唐明皇妃嫔之多。《新唐史》记载，开元、天宝年间，后宫嫔妃大概达到了四万人。嘻，真是多呀！隋大业年间，离宫遍布天下，离宫中都安置了宫女。所以，裴寂便以晋阳宫监的身份，私下里归附唐高祖。唐高祖起兵以后，所到之处，就都把离宫中的宫女释放回家了。由此可想其宫女之多。

作诗旨意

原 文

《诗》三百篇中，其誉妇人者至多。如叙宗姻之贵者，若“平王之孙，齐侯之子”“汾王之甥，蹶父之子”“齐侯之子，卫侯之妻，东宫之妹，邢侯之姨，谭公维私”。夸服饰之盛者，若“副笄六珈”“如山如河”“玉之瑱也，象之揥也”。赞容色之美者，若“唐棣之华”“华如桃李”“鬒发如云”“手如柔荑，肤如凝脂，领如蝤蛴，齿如瓠犀，螓首蛾眉，巧笑倩兮，美目盼兮”“颜如舜华”“洵美且都”；语嫁聘之侈者，若“百两彭彭，八鸾锵锵，不显其光。诸娣从之，祁祁如云，烂其盈门”。其词可谓尽善矣。魏、晋、六朝，流连光景[①]，不可胜述。唐人播之歌诗，固亦极挚。若“态浓意远淑且真，肌理细腻骨肉匀。绣罗衣裳照暮春，蹙金孔雀银麒麟”“翠微匐叶重鬓唇，珠压腰衱稳称身”“深宫高楼入紫清，金作蛟龙盘绣楹。佳人当窗弄白日，弦将手语弹鸣筝”“回眸一笑百媚生，六宫粉黛无颜色”，“后宫佳丽三千人，三千宠爱在一身”“金屋妆成娇侍夜，玉楼宴罢醉和春”“楼上楼前尽珠翠，眩转荧煌照天地”。此皆李、杜、元、白之丽句也，予独爱朱庆馀《闺意》一绝句上张籍水部[②]者，曰：“洞房昨夜停红烛，待晓堂前拜舅姑。妆罢低声问夫婿，画眉深浅入时无？”细味此章，无不谈量女之容貌，而其华艳韶好、体态温柔、风流酝藉，非第一人不足当也。欧阳公所谓：“状难写之景，如在目前，含不尽之意，见于言外，然后为工。”斯之谓也。庆馀名可久，以字行。登宝历进士第，而官不达。著录于《艺文志》者，只一卷，予家有之，他不逮此。张籍酬其篇云：“越女新妆出镜心，自知明艳更沉吟。齐纨未是人间贵，一曲菱歌直万金。”其爱之重之，可见矣。然比之庆馀，殊为不及。

注 释

① 流连光景：留恋风光景物。指因逗留某地而拖延时间，也指文艺作品的题材或词句局限于风花雪月。

② 水部：官名。魏置水部郎，晋设水部曹郎，隋唐至宋均以水部为工部四司之一，明清改为都水司，掌有关水道之政令。参阅《通典·职官五》、《历代职官表》卷二。

译 文

在《诗经》三百篇中，称誉妇女的篇章很多。如叙述宗族婚姻尊贵的诗句，像“平王之孙，齐侯之子”“汾王之甥，蹶父之子”“齐侯之子，卫侯之妻，东宫之妹，邢侯之姨，谭公维

私”。夸耀服饰盛丽的，如“副笄六珈”“如山如河”“玉之瑱也，象之揥也”。赞容貌美丽的诗句，有“唐棣之华”“华如桃李”“鬒发如云”“手如柔荑，肤如凝脂，领如蝤蛴，齿如瓠犀，螓首蛾眉，巧笑倩兮，美目盼兮”“颜如舜华”“洵美且都”。描述婚嫁聘礼奢侈的，像“百两彭彭，八鸾锵锵，不显其光，诸娣从之，祁祁如云，烂其盈门”。这些诗句可称为写得很棒。魏、晋、六朝时代，诗词多局限于风花雪月的题材而不涉及时政，这时艳丽的诗词不胜枚举。唐代的诗人把诗歌作为自己抒发情感的媒介的作用发挥到了极致，像“态浓意远淑且真，肌理细腻骨肉匀，绣罗衣裳照暮春，蹙金孔雀银麒麟”“翠微㔩叶垂鬓唇，珠压腰衱稳称身”“深宫高楼入紫清，金作蛟龙盘绣楹。佳人当窗弄白日，弦将手语弹鸣筝”“回眸一笑百媚生，六宫粉黛无颜色”“后宫佳丽三千人，三千宠爱在一身”“金屋妆成娇侍夜，玉楼宴罢醉和春”“楼上楼前尽珠翠，眩转荧煌照天地”。这些都是李白、杜甫、元稹、白居易秀丽的诗句。我却只喜欢朱庆馀给张籍的那首绝句《闺意》：“洞房昨夜停红烛，待晓堂前拜舅姑。妆罢低声问夫婿，画眉深浅入时无？”仔细体味这首诗，表面上并没有谈论评述女人的容貌，但诗中这个女人的华艳姣好、体态温柔、风流蕴藉，如果不是第一流的美女是不能相称的。欧阳修先生说过：“状难写之景，如在目前，含不尽之意，见在言外，然后为工。”这句话说的就是这种境界。朱庆馀名可久，以他的字（庆馀）为世人所知。他是唐敬宗宝历年间的进士，然而为官不能显达。他的著作著录于《艺文志》的只有一卷，我家藏有一部，其他的诗作都赶不上这首诗。张籍酬答朱庆馀的诗为：“越女新妆出镜心，自知明艳更沉吟。齐纨未是人间贵，一曲菱歌直万金。”他对朱庆馀的爱重可见一斑。然而他的这首诗比起朱庆馀的《闺意》，差得很远啊。

东坡文章不可学

原 文

东坡作《盖公堂记》云："始吾居乡，有病寒而欬[①]者，问诸医，医以为蛊[②]，不治且杀人。取其百金而治之，饮以蛊药，攻伐其肾肠，烧灼其体肤，禁切其饮食之美者。期月而百疾作，内热恶寒而欬不已，累然真蛊者也。又求于医，医以为热，授之以寒药，旦朝吐之，莫[③]夜下之，于是始不能食。惧而反之，则钟乳、乌喙[④]，杂然并进，而漂疽、痈疥、眩瞀之状，无所不至。三易医而病愈甚。里老父教之曰：'是医之罪，药之过也。子何疾之有？人之生也，以气为主，食为辅。今子终日药不释口，臭味乱于外，而百毒战于内，劳其主，隔其辅，是以病也。子退而休之，谢医却药，而进所嗜，气全而食美矣。则夫药之良者，可以一饮而效。'从之，期月而病良已。昔之为国者亦然。吾观夫秦自孝公以来，至于始皇，立法更制，以镌磨锻炼其民，可谓极矣。萧何、曹参亲见其斫丧之祸，而收其民于百战之余，知其厌苦、憔悴、无聊，而不可与有为也，是以一切与之休息，而天下安。”是时，熙宁中，公在密州，为此说者，以讽王安石新法也。其议论病之三易，与秦、汉之所以兴亡治乱，不过三百言而尽之。

张文潜作《药戒》，仅千言，云：“张子病痞[5]，积于中者，伏而不能下，自外至者，捍而不能纳，从医而问之。曰：‘非下之不可。’归而饮其药，既饮而暴下。不终日，而向之伏者散而无余，向之捍者柔而不支。焦膈导达，呼吸开利，快然若未始有疾者。不数日，痞复作，投以故药，其快然也亦如初。自是逾月而痞五作五下，每下辄愈。然张子之气，一语而三引，体不劳而汗，股不步而栗，肤革无所耗于外，而其中薾然[6]，莫知其所来。闻楚之南，有良医焉，往而问之。医叹曰：‘子无叹是薾然者也。天下之理，其甚快于予心者，其未必有伤，求无伤于终者，则初无望于快吾心。痞横乎胸中，其累大矣。击而去之，不须臾而除甚大之累，和平之物不能为也。必将击搏震挠而后可，其功未成而和气已病。则子之痞，凡一快者，子之和一伤矣。不终月而快者五，则和平之气，不既索[7]乎？且将去子之痞，而无害于和乎！子归，燕居三月，而后予之药可为也。’张子归三月而复请之。医曰：‘子之气少全矣！’取药而授之。曰：‘服之三月而疾少平，又三月而少康，终年而复常。且饮药不得亟进。’张子归而行其说。其初使人懑然迟之，盖三投其药而三反之也。然日不见其所攻，久较则月异而时不同，盖终岁而疾平。张子谒医谢，而问其故。医曰：‘是治国之说也。独不见秦之治民乎？敕之以命，捍而不听令；勤之以事，放而不畏法。令之不听，治之不变，则秦之民尝痞矣。商君见其痞也，厉以刑法，威以斩伐，痛划而力锄之。流荡四达，无敢或拒，痞尝一快矣。至于二世，凡几痞而几快矣。积快而不已，而秦之四支，枵然徒有其物而已。民心日离，而君孤立于上，故匹夫大呼，不终日而百疾皆起，欲运其手足肩膂，而漠然不我应。故秦之亡者，是好为快者之过也。昔者，先王之民，初亦尝痞矣。先王不敢求快于吾心，阴解其乱，而除去其滞，使之悠然自趋于平安而不自知。于是政成教达，悠久而无后患。则余之药终年而愈疾者，盖无足怪也。’”

予观文潜之说，尽祖苏公之绪论，而千言之烦，不若三百言之简也。故详书之，俾作文立说者知所矜式[8]。窃料苏公之记，文潜必未之见，是以著此篇；若既见之，当不复屋下架屋也。

注释

① 欬：亦作“咳”，咳嗽。

② 蛊：传说一种人工培育的毒虫。

③ 莫：通“暮”。

④ 乌喙：中药附子的别称，以其块茎形似得名。

⑤ 痞：指胸腹内郁结成块的病。

⑥ 薾然：疲惫虚弱的样子。

⑦ 索：尽，空。

⑧ 矜式：敬重和取法。

译 文

苏东坡的《盖公堂记》写道：“当初我住在乡下，得了风寒而且咳嗽，询问医生，医生认为中了蛊毒，不治就会死。我就拿出百金作为诊费来治疗，喝了治疗蛊毒的药，刺激肾肠，烧灼肌肤，禁止吃一切美味佳肴。一个月后各种疾病发作，体内虚热怕寒，咳嗽不止，疲惫的样子像是真的中了蛊毒。又去求救医生，医生认为是内热，就开了去热的寒药，喝完药后早上呕吐，晚上腹泻，然后就不能吃饭了。医生害怕了就反其道而行，开出了钟乳、乌喙的药方，混杂在一起吃下去，脓疮、痈疽、眩晕的症状全都来了。三次不同的医治，病却越来越严重。乡里的老人对我说：‘这是医生诊断错误药不对症造成的。你有什么病？人的生命，以气为主，以食为辅。现在你一整日药不离口，味觉混乱在外部，各种病毒刺激在内部，气血劳乏，食物隔绝，所以真的就病了。你回去休养，不找医生不吃药，吃自己爱吃的，气血全盛，胃口就好了。到那时吃一次药就会见效。’我听从了他的话，一个月后病全好了。以前治理天下也像这样。我考察秦自孝公以来到秦始皇，制定法令，更改制度，磨炼锻造百姓，可以说到了极点。萧何、曹参亲眼见证了秦朝灭亡的祸患，在千百次战争之后统一天下。他们知道百姓的疾苦和困顿，知道不可以再奴役百姓了，所以就制定了让百姓休养生息的政策，这样天下就安宁了。”当时是宋神宗熙宁中期，苏轼在密州（今山东诸城一带），他发这样的议论是为了讽刺王安石的新法。他议论三次治疗及秦汉兴亡治乱的原因，只不过三百个字就说明白了。

张文潜作《药戒》，仅一千个字，文章写道：“张文潜得了病，腹内郁结成块，郁积于中下不去，从外入内被排拒不接纳，就找到医生询问，医生说：‘非排下去不可。’文潜回来喝了他开的药，喝下后就猛地排下去了，没过一天，先前郁结的全都消散无遗，先前排拒的变得柔顺了，膈气畅达，呼吸顺畅，畅快得像当初未得病时。可是没过几天，郁结的症状又发作了，服了原先的药，这种畅快也如上次一样。从这以后的一个月，郁结的症状五次发作五次排出，每次用药之后就会痊愈。然而文潜的气息，说一句话要喘三次，不劳动身体就流汗，腿不动就战栗，外面的身体皮肤没有什么消耗，体内却虚弱疲劳，没人知道这种症状是怎么造成的。听说南面楚地有个名医，文潜就前去询问他。名医叹息说：‘你不要悲叹这内部的虚乏无力了。天下的道理就是这样：太过畅快的东西，最后必然有害；要想最终不受伤害，当初就不要贪一时的畅快。郁结横隔在胸中，它的拖累太大了。攻击它使它消失，不一会儿就除去极大的拖累，平和的东西是不能做到的，一定要搏击震挠它才可以，这样的话它的功效还没真正显出和气已受了损伤。你郁结的症状，畅快一次，你的和气就损伤一次；不满一个月你痛快五次，你的平和之气不就已经耗尽了吗？要想去掉你的郁结，就不能伤害你的平和之气！你回去闲居三个月，然后我的药才可以用。’文潜回去三个月后就又来了。名医说：‘你的气稍微全了些！’就把药给了他，说：‘服用三个月你的病就会稍微平复，再服用三个月你的身体就会稍微恢复健康，一年后你的身体就会恢复正常。而且喝药不要太急。’文潜回来后按照他的说法行事。刚开始喝的时候使人愤懑药效的缓慢，三次喝药而三次没有效果。虽然一天中看不到药的疗效，但时间久了药的疗效就会慢慢显出来了，一年后他的病就完全好了。文潜前往医生家向他致谢，并问其中的缘故。医生说：‘这和治理国家的道理是一样的。你没见秦国是怎样治理它的百姓的吗？以命令敕告他们，他们就抗命不从；征发他们去劳作，他们就放肆而不畏法。法令没人听从，治理没有变化，秦国的民情就得了郁结症。商鞅发现了郁结症，就用刑法吓唬他们，用斩杀来威胁他们，想要痛加铲除这种病症。人民流荡四方，没有人敢抗拒，郁结的症状畅快了。到了秦二世，秦国已经几次郁结而几次畅快了。畅快不止，秦王朝的四肢就空乏无物，徒有其表了。民心日益离散，君主被孤立于上。所以随着一个平民（指陈胜）的一声大叫，秦王朝的各种疾病不到一天就都发作了，想运动它的手足肩臂，却发现它们木然不听使唤。因此秦的灭亡，就是图一时痛快的过错。过去先王时代的民众，开始时民情也曾有郁结，先王不敢贪图自己的一时痛快，暗地里缓解其纷乱，除去其凝滞，让它们慢慢地在不知不觉中趋向平安。于是，政治教化完成了，能够持续很久而没有后患。这样的话，我的药一年后才见效就不足为怪了。’”

我看张文潜的议论，都是苏东坡先生的观点，一千多字的烦琐比不上三百余字的简练。所以我把它们详细地写下来，使作文立说的人当作学习的榜样。我猜想苏东坡的文章，张文潜一定没有见过，所以才写了这篇；如果他已经见了，就不会写这么叠床架屋的文章了。

万事不可过

原文

天下万事不可过，岂特此也？虽造化阴阳亦然。雨泽所以膏润四海，然过则为霖淫[1]；阳舒所以发育万物，然过则为燠亢[2]。赏以劝善，过则为僭；刑以惩恶，过则为滥。仁之过，则为兼爱无父；义之过，则为为我无君。执礼之过，反邻于谄；尚信之过，至于证父[3]。是皆偏而不举之弊，所谓过犹不及者。扬子《法言》云："周公以来，未有汉公之懿[4]也，勤劳则过于阿衡[5]。"盖谄王莽也。后之议者，谓阿衡之事不可过也，过则反，乃诮莽耳。其旨意固然。

注释

① 霖淫：淫雨，过量的雨。

② 亢：干旱。北周庾信《和李司录喜雨》诗："纯阳实久亢，云汉万昭回。"

③ 证父：告发父亲。《庄子·盗跖》："直躬证父，尾生溺死，信之患也。"

④ 懿：美，美德。

⑤ 阿衡：商代官名，师保之官。

译 文

天下所有的事情都不可过分，岂止人事如此？即使是大自然也是这样。雨水是为了滋润天下的土地，过分了就会成为水灾；阳光是促进万物生长发育的，然而过分了就会造成旱灾。奖赏是为了劝勉善行，过分了就是僭越；惩罚是为了惩治恶势力，过分了就会枉滥。过分的仁，就会像墨家那样没有区别地爱别人而忘掉自己的父亲；过分的义，就会像道家那样只想自己不要君主。过分执礼，就会近于谄媚；过分诚实，就会揭发父亲的罪证。这些都是偏执的弊端，即所谓的“过犹不及（过分的恶果就像不及的恶果一样）”。扬雄的《法言》说：“从周公以来，还没有人像安汉公（王莽）的德行那样美好，他的勤劳甚至超过了阿衡伊尹。”这是在谄媚王莽。后来议论的人说，阿衡的功德是没法超过的，超过就走向了反面，这是讥讽王莽的。但它的意思本来就是这样。

大言误国

原文

隗嚣谋畔汉，马援劝止之甚力，而其将王元曰：“今天水全富，士马最强，案秦旧迹，表里河山。元请以一丸泥[1]为大王东封函谷关。”嚣反遂决，至于父子不得其死。元竟降汉。隋文帝伐陈，大军临江，都官尚书孔范言于后主曰：“长江天堑，古以为限隔南北，今日虏军岂能尽度邪？臣每患官卑，虏若渡江，臣定作太尉公矣。”或妄言北军马死，范曰：“此是我马，何为而死？”帝笑以为然，故不为深备。已而国亡，身窜远裔[2]。唐元宗有克复中原之志，及下南闽，意以谓诸国可指麾而定，而事力穷薄，且无良将。魏岑因侍宴言：“臣少游元城，好其风物，陛下平中原，臣独乞任魏州。”元宗许之。岑趋墀下拜谢，人皆以为佞。孟蜀通奏使王昭远，居常好大言，有杂耕渭上之志，闻王师入讨，对宾客援手言：“此送死来尔！乘此逐北，遂定中原，不烦再举也。”不两月蜀亡，昭远为俘。此四臣之佞，本为爵禄及一时容悦而已，亦可悲哉！

注 释

① 一丸泥：指函谷关地势险要，易于防守。后用于比喻以极少的力量，可以防守险要的关隘。

② 远裔：边远地区。

译 文

隗嚣图谋背叛汉朝，马援极力地劝阻他，而他的将领王元说："现在天水安定富裕，兵马最为精良，我们应学习秦国的做法，控制河山的险要位置。我王元请求用一个泥丸为大王封锁东边的函谷关。"隗嚣谋反的决心就定了，以致父子身首异处。王元竟投降了汉朝。隋文帝进攻陈朝，大军来到江边，陈朝都官尚书孔范对陈后主说："长江是天然险阻，自古用来分隔南北方，今天敌军哪能飞渡呢？臣常忧虑自己官职卑微，敌人如果渡江，臣一定能立功然后当上太尉了。"有人妄说北方敌军的马死了，孔范说："这是我的马，怎么会死？"后主笑着以为他说得对，所以没有对敌军严加防范。不久就亡国了，孔范只身逃窜到边远地区。五代南唐元宗有收复中原的志向，攻下南闽之后，认为各国可以轻易平定，然而实力薄弱，并且缺少善战的将帅不能实现他的志向。魏岑在宴饮时说："臣少年时曾游过元城，喜欢那里的风土物产，陛下平定中原，臣只求任魏州知州。"元宗答应了他。魏岑走到台阶上拜谢，人们都认为他是邪佞谄媚的人。孟蜀的通奏使王昭远平常喜欢说大话，有到渭水上耕田的想法，听说宋军将要去征讨，就对宾客们搓着手说："这是来送死！乘此机会我们追击败兵，平定中原，就不用再次发兵了。”不到两个月蜀就灭亡了，王昭远当了俘虏。这四个臣子的佞谄，本是为了求爵禄和博取君主的一时开心而已，也很可悲啊！

史记渊妙处

原 文

太史公书不待称说，若云褒赞其高古简妙处，殆是摹写星日之光辉，多见其不知量也。然予每展读至《魏世家》《苏秦》《平原君》《鲁仲连传》，未尝不惊呼击节，不自知其所以然。魏公子无忌与王论韩事曰："韩必德魏爱魏重魏畏魏，韩必不敢反魏。"十余语之间五用魏字。苏秦说赵肃侯曰："择交而得则民安，择交而不得则民终身不安。齐、秦为两敌而民不得安，倚秦攻齐而民不得安，倚齐攻秦而民不得安。"平原君使楚，客毛遂愿行，君曰："先生处胜之门下几年于此矣？"曰："三年于此矣。"君曰："先生处胜之门下三年于此矣，左右未有所称诵，胜未有所闻，是先生无所有也。先生不能，先生留。"遂力请行，而折楚王，再言："吾君在前，叱者何也？"至左手持盘血，而右手招十九人于堂下，其英姿雄风，千载而下，尚可想见，使人畏而仰之，卒定从而归。至于赵，平原君曰："胜不敢复相士。胜相士多者千人，寡者百数，今乃于毛先生而失之，毛先生一至楚，而使赵重于九鼎、大吕。毛先生以三寸之舌，强于百万之师，胜不敢复相士。"秦围赵，鲁仲连见平原君曰："事将奈何？"君曰："胜也何敢言事！魏客新垣衍令赵帝秦，今其人在是。胜也何敢言事！"仲连曰："吾始以君为天下之贤公子也，吾今然后知君非天下之贤公子也。客安在？"平原往见衍曰："东国有鲁仲连先生者，胜请为绍介，交之于将军。"衍曰："吾闻鲁仲连先生，齐国之高士也。衍，人臣也，使事有职，吾不愿见鲁仲连先生。"及见衍，衍曰："吾视居此围城之中者，皆有求于平原君者也；今吾观先生之玉貌，非有求于平原君者也。"又曰："始以先生为庸人，吾乃今日知先生为天下之士也。"是三者重沓熟复，如骏马下驻千丈坡，其文势正尔。风行于上而水波，真天下之至文也。

译 文

《史记》文章之妙就不用说了，如果赞扬它高超简洁的地方，大概就像想去描画星星和太阳的光辉一样，只能说明他自己的不自量力罢了。然而我每次读到《魏世家》《苏秦列传》《平原君列传》和《鲁仲连列传》的时候，没有不拍案叫绝的，我也不知道为什么会这样。魏公子无忌与魏王分析韩国的形势时说："韩必德魏爱魏重魏畏魏，韩必不敢反魏。”十几个字之间，竟然用了五个魏字。苏秦游说赵肃侯说：“同盟国选择得合适人民就平安，选择得不合适人民就会终身危险。赵与齐、秦两国为敌则人民就不能平安，依靠秦攻齐人民不得安全，依靠齐攻秦人民也不得完全。”平原君要出使楚国，门客毛遂请求一起去，平原君问：“先生到我的门下几年了？”毛遂回答说：“在这里三年了。”平原君说：“先生到我门下三年了，而人们没有什么称赞您的，我也没有听过先生的名字，这说明先生您没有什么才华。您不适合陪我去，您留下吧。”毛遂坚决请求一起去。到楚国后，他当面指责楚王，两次说道：“我们平原君在跟前，你斥责我做什么？”说着毛遂左手端着一盘血，右手招呼平原君的另外十九名随员，其雄风英姿跃然纸上，千年之后的今天我们还可以想见，使人敬仰惊叹，最终他们完成合纵之约的订立，获胜而归。回到赵国后，平原君感叹道：“我再也不敢相看士人了。我所相看的士人，多者千人，少说也有上百人，而今天却没看出毛先生的大才，毛先生一到楚国，使赵国的地位一下子提高许多。毛先生的三寸之舌比百万大军还强。我再也不敢相看士人了。”秦军包围赵国，鲁仲连见到平原君后问道：“事情怎么样了？”平原君说：“我还敢说什么！魏王派客籍将军新垣衍让赵国尊奉秦昭王称帝，他现在正在这里，我还敢说什么！”鲁仲连说：“我以前认为你是天下的贤公子，现在我才知道你不是天下的贤公子。新垣衍在哪里？”平原君去见新垣衍说：“齐国有一位鲁仲连先生，请我介绍想要和你结交。”新垣衍说：“我听说鲁仲连先生是齐国的高士。我不过是一个臣，并且公务在身，我不愿见鲁仲连先生。”鲁仲连见到新垣衍后，新垣衍说：“我看在这个被围之城中不愿离去的人，都是有求于平原君的；然而我看您的相貌，不像有求于平原君的人。”他还说：“开始我认为您是庸人，今天才知道您是为了天下之士。”这三段话反复相重，就像骏马停在悬崖前，文章的气势十分凌厉陡峭。风到水面上才起波折，真是天下最奇妙的文章啊。

汉武帝喜杀人者

原 文

汉武帝天资刚严[①]，闻臣下有杀人者，不唯不加之罪，更喜而褒称之。李广以故将军屏居蓝田，夜出至亭，为霸陵醉尉所辱。居无何，拜右北平太守，请尉与俱，至军而斩之，上书自陈谢罪。上报曰："将军者，国之爪牙也。怒形则千里竦，威振则万物伏。夫报忿除害，朕之所图于将军也。若乃免冠徒跣，稽颡[②]请罪，岂朕之指哉！"胡建守军正丞，谓未得真官，兼守之也。时监军御史穿北军垒垣以为贾区，建欲诛之。当选士马日，御史与护军诸校列坐堂皇上，建趋至拜谒，因令走卒曳御史下，斩之，遂上奏曰："案军法：'正亡[③]属将军，将军有罪以闻，二千石以下行法焉。'丞于用法疑，臣谨以斩。"谓丞属军正，斩御史于法有疑也。制[④]曰："三王或誓于军中，欲民先成其虑也。或誓于军门之外，欲民先意以待事也。或将交刃而誓，致民志也。建又何疑焉。"建繇是显名。观此二诏，岂不开妄杀之路乎？

注 释

① 刚严：刚强严峻。

② 稽颡：古代一种跪拜礼，屈膝下拜，以额触地，表示极度的虔诚。《仪礼·士丧礼》："吊者致命，主人哭拜，稽颡成踊。"

③ 亡：通"无"。

④ 制：指帝王的命令。《礼记·曲礼下》："国君死社稷，大夫死众，士死制。"

译 文

汉武帝天性刚强严峻，听到臣下有人杀人，不但不加罪，反而更喜欢褒扬称许。李广以故将军的身份退隐蓝田，夜出到了驿亭，被醉酒的霸陵尉侮辱。过了不久，李广被任为右北平太守，请求让霸陵尉陪他同去，到了军营就斩杀了霸陵尉，然后上书自述谢罪。武帝回示说："将军，是国家的卫士，发起怒来则千里惊悚，威严振动起来则万物伏首。报复除害，是我对将军你的期望。如果你摘掉帽子光着脚，叩头请罪，岂是我的意愿！"胡建试任军正丞（指没有得到真正的任命，只是兼任），当时监军御史穿透北军的军垒城墙作为商业区，胡建想诛杀了他。在选士马日那天，御史和护军诸校尉列坐厅堂上，胡建向前拜谒，乘机命令兵卒把御史拖曳下来斩杀了。然后上奏说："按照军法：'军正不受将军统属，将军有罪军正有权上奏，二千石以下的官吏可以军法处置。我对军法是有疑问的，但我还是谨慎地把他杀了。"这是说军丞统属于军正，斩御史按照法律来说是有疑问的。武帝回复说："夏禹、商汤、文王，有的在军中宣誓，这是想让战士不要有疑虑；有的在军门之外

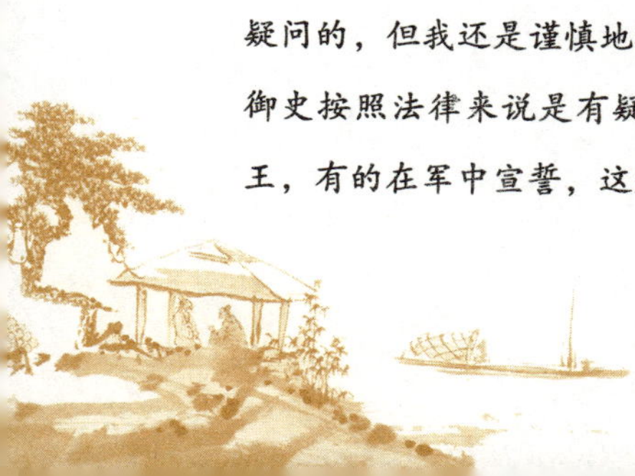

誓师，这是为了让战士先在思想上做好战争的准备；有的则在两军交锋之前誓师，这是为了鼓励斗志。你有什么疑虑呢？”胡建因此出名。观察这份诏书，岂不是妄开杀戒？

琵琶行海棠诗

原 文

白乐天《琵琶行》一篇，读者但羡其风致，敬其辞章，至形于乐府，咏歌之不足，遂以谓真为长安故倡所作。予窃疑之。唐世法网虽于此为宽，然乐天尝居禁密[1]，且谪官未久，必不肯乘夜入独处妇人船中，相从饮酒，至于极弹丝之乐，中夕方去，岂不虞商人者他日议其后乎？乐天之意，直欲摅写天涯沦落之恨尔。东坡谪黄州，赋定惠院海棠诗，有“陋邦何处得此花，无乃好事移西蜀”“天涯流落俱可念，为饮一尊歌此曲”之句，其意亦尔也。或谓殊无一话一言与之相似，是不然。此真能用乐天之意者，何必效常人章摹句写而后已哉？

注释

① 禁密：指官中官署或文学近侍之臣。

译文

白居易《琵琶行》一篇，读者只美赏它的风味雅致，敬佩它的词句和篇章，至于谱曲歌唱，歌唱了还觉得不够，读者就认为真是为以前长安倡伎所作。我私下对此有所怀疑。虽然唐代的法律比现在要宽松一些，然而白居易曾经住在严密控制出入的官府之中，而且又贬官不久，绝对不会趁着夜色进入独居妇女的船中一起喝酒，甚至极力享受弹奏丝弦乐器的快乐，直到半夜才离去。难道他就不顾虑日后商人们在背后议论吗？白居易写诗的用意，只在于叙写沦落天涯的遗憾罢了。苏轼被贬到黄州时，曾赋写定惠院海棠诗，诗中有“陋邦何处得此花，无乃好事移西蜀”“天涯流落俱可念，为饮一尊歌此曲”的句子，用意也与此相同。有人会说这两种意境根本就没有一词一句相似，并不是这样。苏轼真正能够效仿白居易的用意，又何必像普通人那样逐句逐章地模仿才可以呢？

白居易出位

原 文

白居易为左赞善大夫，盗杀武元衡，京都震扰。居易首上疏，请亟捕贼，刷朝廷耻，以必得为期。宰相嫌其出位[1]，不悦，因是贬江州司马。此《唐书》本传语也。案是时宰相张弘靖、韦贯之，弘靖不足道，贯之于是为失矣。白集载与杨虞卿书云："左降诏下，明日而东，思欲一陈于左右，去年六月，盗杀右丞相于通衢中，迸血体，磔发肉，所不忍道。合朝震栗，不知所云，仆以书籍以来，未有此事。苟有所见，虽畎亩皂隶之臣，不当默默，况在班列，而能胜其痛愤耶？故武丞相之气平明绝，仆之书奏日午入。两日之内，满城知之，其不与者，或语以伪言，或陷以非语，皆曰：'丞、郎、给、舍、谏官、御史，尚未论请，而赞善大夫何反忧国之甚也？'仆闻此语，退而思之，赞善大夫诚贱冗[2]耳，朝廷有非常事，即日独进封章，谓之忠，谓之愤，亦无愧矣！谓之妄，谓之狂，又敢逃乎？以此获辜，顾何如耳，况又不以此为罪名乎！"白之自述如此。然则一时指为出位者，不但宰相而已也。史又曰："居易母坠井死，而赋《新井篇》，以是左降。"前书所谓不以此

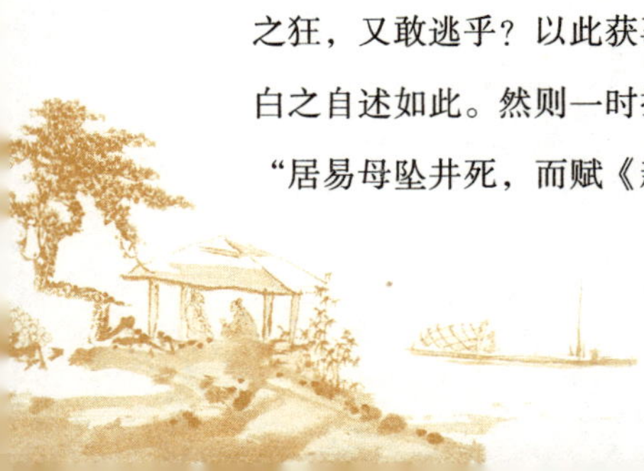

为罪名者，是已。

注释

① 出位：越位，超越本分。

② 贱冗：指地位低下的闲官。

译文

白居易做左赞善大夫时，强盗杀了右丞相武元衡，京城上下震惊恐惧。白居易第一个向朝廷上书，请求及时捉捕强盗，洗刷朝廷的耻辱，限令在一定的时间必须抓到。宰相嫌他越位，很不高兴，因此把他贬为江州司马。这是《唐书·白居易传》中的记载。考察此时的宰相是张弘靖和韦贯之，张弘靖就不值得说了，韦贯之在这件事上是有疏失的。《白居易集》中记载了他给杨虞卿的一封信，说："贬官的诏书已经下达，明天我就要东行了，走之前我想把几句心里话给你说说。去年六月，强盗在大街上杀害了右丞相武元衡，他的尸体迸发着血液，头发和身体都被砍烂了，那种血腥的场面我实在不忍叙述了。满朝文武震惊恐惧，不知该说些什么，我觉得有文字记载以来从没发生过这样的事。如果发生了，即使是田夫走卒，也不该沉默不言，更何况是在朝为官的臣子，怎能承受这样的痛苦愤恨呢？已故丞相武元衡黎明时断气，我的奏章中午就呈上了。两天之内，满城的人都知道了，不和我同心的人，有的人说这是假话，有的人诬陷说这是流言，都说：'尚书、郎、给事中、中书舍人、谏官、御史都没有上书讨论丞相武元衡被杀一事，一个赞善大夫反而这么忧国！'我听到这些话，退回家来思量，赞善大夫确实官位低下，然而朝廷中发生这样的非常事件，当日就独自进呈奏章，说这是忠诚，这是义愤，也问心无愧。说这是虚妄，这是猖狂，又怎敢逃避？我因这件事获罪，又怎样呢，更何况我还不是以这件事为罪名被贬的呢！”白居易的自述就是这样。这样的话，当时指责他超越职权的人，不仅是宰相一个人。史书上又说：“白居易的母亲掉进井里死了，而白居易却写了一首《新井篇》，因此遭到贬官。”上面那封信里所说的“不是因为这件事而定罪”，说的应是以这件事被贬的。

畏人索报书

原 文

士大夫得交朋书问，有懒傲不肯即答者。记白乐天《老慵》一绝句曰："岂是交亲向我疏，老慵自爱闭门居。近来渐喜知闻断，免恼嵇康索报书。"案，嵇康《与山涛绝交书》云："素不便①书，又不喜作书，而人间多事，堆案盈几，不相酬答，则犯教伤义，欲自勉强，则不能久。"乐天所云正此也。乃知畏于答书，其来久矣。

注 释

① 便：擅长，善于。《明史·苏观生传》："捷先由进士历官监司，小有才，便笔札。"

译 文

士大夫收到朋友的书信问候，有的懒散傲慢不愿意随即回复。记得白居易有一首《老慵》的绝句写道："岂是交亲向我疏，老慵自爱闭门居。近来渐喜知闻断，免恼嵇康索报书。"今按，嵇康的

《与山涛绝交书》写道："我一向不便于写信，也不喜欢写信，而世间的事务又多，堆满了桌子，如果不写回信应酬回答，则违反礼教，伤了情义；如果勉强回信，又不能持久。"白居易所说的正是这样。我这才知道害怕写回信的习惯很久了。

不能忘情吟

原 文

予既书白公钟情蛮、素于前卷，今复见其《不能忘情吟》一篇，尤为之感叹，辄载其文，因以自警。其《序》云：“乐天既老，又病风[1]。乃录家事，会经费，去长物。妓有樊素者，年二十余，绰绰有歌舞态，善唱《杨柳枝》，人多以曲名名之，由是名闻洛下，籍在经费中，将放之。马有骆者，籍在长物中，将鬻之。马出门，骧首反顾。素闻马嘶，惨然立见拜，婉娈[2]有辞，辞毕涕下。予亦愍默不能对，且命反袂，饮之酒，自饮一杯，快吟数十声，声成文，文无定句。予非圣达，不能忘情，又不至于不及情者，事来搅情，情动不可柅[3]，因自哂，题其篇曰《不能忘情吟》。”《吟》曰：“鬻骆马兮，放杨柳枝。掩翠黛兮，顿金羁。马不能言兮，长鸣而却顾。杨柳枝再拜长跪而致辞。辞曰：‘素事主十年，凡三千有六百日。巾栉之间，无违无失。今素貌虽陋，未至衰摧。骆力犹壮，又无虺隤。即骆之力，尚可以代主一步，素之歌，亦可以送主一杯。一旦双去，有去无回。故素将去，其辞也苦，骆将去，其鸣也哀。此人之情也，马之情也。岂主君独无情哉？’予俯而叹，仰而咍，且曰：‘骆骆尔勿嘶，素素尔勿啼，骆反厩，素反闺。吾疾虽作年虽颓，幸未及项籍之将死，亦何必一日之内弃骓兮而别虞兮。乃目素兮，素兮为我歌《杨柳枝》，我姑酌彼金罍，我与尔归醉乡去来。’”观公之文，固以遣情释意耳，素竟去也。此文在一集最后卷，故读之者未必记忆。东坡犹以为柳枝不忍去，因刘梦得“春尽絮飞”之句方知之。于是美朝云之独留，为之作诗，有“不似杨枝别乐天，恰如通德伴伶玄”之语。然不及二年而病亡，为可叹也。

注 释

① 风：中医学谓人体的病因之一。“六淫”之一，为阳邪。外感风邪常致风寒、风热、风湿等症。亦指急症，如中风、痛风等。

② 婉娈：依恋的样子。晋陆机《汉高祖功臣颂》：“卢绾自微，婉娈我皇。”

③ 柅：遏止，阻塞。

译 文

我在前卷中已经记叙了白居易钟情于小蛮和樊素，现在又看到他的《不能忘情吟》一篇，更加为他感叹，就记录下他的这篇文章，来自我警示。文章的《序》写道：“白居易已老，又得了风痛病，登记家庭事务，计算经费，清除多余物品。有个叫樊素的歌伎，年龄二十多岁，举止舒缓，能歌善舞，擅长唱《杨柳枝》，人们就用这个曲名称呼她，因此在洛阳很出名。她被登记在经费中，将被遣放。有一匹骆马被登记在多余物品中，将它卖了。马出门时，抬头回望。樊素听到马嘶声，悲伤地起身施礼，恋恋不舍地起身告辞，说完就掉下了眼泪。我也痴痴地无言以对，就让她回来陪我喝酒，我自饮了一杯，她快速地吟唱了几十句诗词，句句成文，文句不定。我不是圣人，不能忘情，又不是不懂感情的人，事情来了就搅动情感，动了感情便不可控制，于是自嘲，写下了这篇《不能忘情吟》。”《吟》中写道：“卖掉骆马啊，放归杨柳枝。遮盖了胭脂粉黛，废弃了金马嚼。马不能说话啊，长久地悲鸣回望。杨柳枝拜了又拜，长跪着对我说话。她说道：‘我侍奉主人十年，共三千六百天，生活之间没有犯过什么过错。现在我容貌虽丑陋，但也不至于衰老不堪。骆马气力还壮，又没有病。骆马的力气尚且可以代您步行，我的歌声还可以为您助兴再喝一杯。一旦双双离去，走了就再也不能回来。因此我将离去，言辞哀苦；骆马将离开，嘶鸣悲哀。这是人的感情、马的感情啊。难道唯独主人您没有感情吗？’我低头叹息，仰天而笑，说道：‘骆马啊骆马你别嘶鸣，素素啊素素你别哭泣。骆马回厩去吧，素素返回你的闺房。我虽然生病年龄衰老，所幸还没到项羽将死的时候，又何必一天之内弃乌骓、别虞姬啊。我就看着樊素啊，让樊素为我唱一曲《杨柳枝》。我姑且酌酒到金罍里，让我和你一起回醉乡里去吧。’”看白居易的文章，本来就是借以排遣情意的，可樊素最终还是离去了。这篇文章在第一集的最后一卷里，所以读过的人也未必能记得清。苏东坡犹且以为柳枝不忍离去，通过刘禹锡的“春尽絮飞”的诗句才知道她最终还是离开了，于是就赞美朝云能独自留下来，并为她作诗，诗中有“不似杨枝别乐天，恰如通德伴伶玄”的句子。然而朝云不到两年就患病死了，真是可叹啊。

韩公潮州表

原文

韩文公《谏佛骨表》，其词切直，至云：“凡有殃咎，宜加臣身，上天监临，臣不怨悔。”坐此贬潮州刺史。而谢表云：“臣于当时之文，未有过人者。至论陛下功德，与《诗》《书》相表里，作为歌诗，荐之郊庙，虽使古人复生，臣亦未肯多逊。而负罪婴[1]衅，自拘海岛。怀痛穷天，死不闭目，伏惟天地父母，哀而怜之。”考韩所言，其意乃望召还。宪宗虽有武功，亦未至编之《诗》《书》而无愧，至于“纪泰山之封，镂白玉之牒，东巡奏功，明示得意”等语，摧挫献佞，大与谏表不侔，当时李汉辈编定文集，惜不能为之除去。东坡自黄州量移[2]汝州，上表云：“伏读训词，有‘人材实难，不忍终弃’之语，臣昔在常州，有田粗给饘粥[3]，欲望许令常州居住。辄叙徐州守河及获妖贼事，庶因功过相除，得从所便。”读者谓与韩公相类，是不然。二表均为归命君上，然其情则不同。坡自列往事，皆其实迹，而所乞不过见地耳，且略无一佞词，真为可服。

注释

① 婴：遭受，遇。

② 量移：多指官吏因罪远谪，遇赦酌情调迁近处任职。

③ 饘粥：亦作“饘鬻”，稀饭。

译文

韩愈《谏佛骨表》中的词句恳切直率，以至于说道：“日后国家如果再有灾祸发生，臣下都甘愿这些灾祸发生在自己身上，臣下真的无怨无悔并甘愿接受上天监督。”他正因为这封谏表被贬为潮州刺史。他在谢表中写道：“臣在当时的文章中，也没有写出什么出格的言辞。至于谈论到陛下的功德，臣觉得陛下的功德可以编到《诗经》《尚书》中，写成诗歌，置放在神圣的郊庙中，即使古人再生，臣认为也不会逊色。臣如今身负罪责遭受祸患，被拘囚在海岛中，内心痛苦不堪，即使死在这里也死不瞑目。希望天地父母可以哀怜我。”考察韩愈这些话，他的意思是希望朝廷能把他召回。唐宪宗虽然有军事功绩，也不至于到了编在《诗经》《尚书》中也毫无愧色的地步！至于“功劳可在泰山刻石铭记，可在白玉的牍牒上镂刻，东巡时奏鸣此功，向上苍表明自己的成就”等话，都是一些谄媚之词，没有《谏佛骨表》的正直，可惜李汉等人编订《韩公文集》时，没有为他删去这篇文章。苏轼从黄州（今湖北黄石市）贬谪到汝州，上奏章写道：“我读朝廷的训示，其中有‘人才实在

难得，不忍最终抛弃’的话，臣昔日在常州任职时，有田地可勉强够我养家糊口，希望陛下允许调任我到常州。念在臣任徐州知州时有守护河决以及捕获妖贼的政绩，差不多可以功过相抵，使臣能够如愿以偿。”读过这两篇文章的人都说这篇谢表和韩愈的谢表类似，其实并不是这样的。这两篇谢表都是向君王归顺投诚，但是其中的情况很不相同。苏轼自己陈列的往事都是真实发生的事情，所请求的不过是调任到另一个地方，全表没有一句谄媚的话，真令人佩服。